U0918638

天人之际

薛仁明读《史记》

薛仁明 著

GUANGXI NORMAL UNIVERSITY PRESS
广西师范大学出版社
·桂林·

天人之际
TIAN REN ZHI JI

图书在版编目（CIP）数据

天人之际：薛仁明读《史记》/ 薛仁明著；—桂林：广西师范大学出版社，2017.1（2022.4 重印）
（薛仁明作品系列）
ISBN 978-7-5495-8968-5

Ⅰ. ①天… Ⅱ. ①薛… Ⅲ. ①《史记》—研究 Ⅳ. ①K204.2

中国版本图书馆 CIP 数据核字（2016）第 263491 号

广西师范大学出版社出版发行
（广西桂林市五里店路 9 号　邮政编码：541004
网址：http://www.bbtpress.com）
出版人：黄轩庄
全国新华书店经销
广西广大印务有限责任公司印刷
（桂林市临桂区秧塘工业园西城大道北侧广西师范大学出版社集团有限公司创意产业园内　邮政编码：541199）
开本：889 mm × 1 240 mm　1/32
印张：7.25　　字数：119 千字
2017 年 1 月第 1 版　　2022 年 4 月第 3 次印刷
印数：16 001~19 000 册　　定价：48.00 元

台湾书法家董阳孜题字："天人之际"

目录

自　序

这是我在台北书院《天人之际——〈史记〉里的天心与人意》的讲课记录。

此书的作者介绍，一开始，我自述是“作者、讲者、行者”。其中，“行者”是根本。我是个中国文化的践行者，不是空谈概念的书斋学者。因为践行，所以深受其益，所以在岛内一片浮躁之下依然可以安然自在。除此之外，我原先以写作为主，是个“作者”；自从二〇一〇年辞掉学校工作以后，而今改以讲课为多，是位“讲者”。从“作者”转成“讲者”，个中嚆矢，就是我在台北书院开设的这门课。

写文章与讲课，是两件很不一样的事。文章一重条理清晰、脉络分明，二重文字凝练、平仄顺气。至于讲课，更在意的，则是生动流畅与当下应机；换句话说，讲课更流动、更发散，也更容易“跑题”。

我上课经常“跑题”。这是缺点，也是优点。我不做学术工作，关心的是经典的当下对应；正因如此，我的“跑题”也可以是对应当下之“切题”。我讲《史记》，无非是希望透过刘邦、张良与司马迁等人的生命高度，让大家更清晰地照见我们的时代与我们自身，从而找到每个人可以有的当下安然。

感谢董阳孜老师的惠予题字。

公历二〇一六年，岁次丙申，时近端午

薛仁明于台东池上

第一堂课

刚刚看了看，在座除了我的老朋友中学历史老师戴老师、台湾大学中文所的博士吴孟谦之外，没看到所谓的“圈内人”。如果大部分的学员都跟“专业”的文史圈子关系没那么密切的话，这门课可能会更好上一些。因为，大家比较没有包袱。换句话说，这并不是一门专业的课程，这门课是用一种更质朴也更直接的方式来上。

在座可能有些人读过我的《论语随喜》以及《万象历然》里面的《孔子九章》。后来有朋友问我，写这两本书时，用的是什么版本？是朱熹的《四书集注》呢，还是清代刘宝楠的《论语正义》呢？或者是其他什么书？我的回答是，当初手边用的，就是王财贵先生儿童读经用的版本。就是那种字很大，尤其对老花眼特别合适的版本，里面没有任何一个注释。我绝大部分书写的时候，手边就是这一本。只有少数字义不太确定的时候才翻翻譬如钱穆《论语新解》这样的注释本，参考一下，平常也基本不用。

我们这一门《史记》课，原本也希望能用这样的版本，可惜《史记》很难找得到完全没注释的白文。就我所知，北京中华书局有一本，可惜是简体的。一般说来，市面上看到的《史记》就两个版本，一是现在大家手头上拿到的这本大砖块：泷川资言《史记会注考证》[①]，这是台湾目前最通用的，历史系或中文系《史记》的课也多半用这本。另外一种，就是将《史记会注考证》后面的“考证”扣掉，留下唐代以前的《史记集解》《史记索隐》，还有《史记正义》，就是我们一般所说的“三家注”。我的想法是，如果大家不做专门研究的话，三家注也好，考证也罢，都不必花太多时间去看。有需要参考注解时，才不妨看看。也就是说，三家注也好，会注考证也罢，都是备用。将来上课时，只会偶尔用。偶尔有些地方，我觉得有需要时，才请大家看一下考证或者是三家注，大部分的时候，就只看司马迁的原文。

同样地，这门课也不会花太多的时间在字义上打转，因为，这里毕竟不是学院，我们不做学究工作，取其精神、抓大方向即可。不过，因为这是经典的课程，还是得要以司马迁的原文为主，不能从头到尾都是我自己发挥，这样就不是开设经典课程的本意了。

第一堂课，先讲《高祖本纪》。围绕着汉高祖刘邦

① 本书正文涉及页码的地方，均为泷川资言《史记会注考证》页码。

讲，这显然有我自己的想法。我们一般谈中国文化时，通常会留意儒释道三家。这当然是对的。可是，如果我们把儒释道三家这种比较有自觉、比较理论的这一块，再加上《史记》具体的人物行事，尤其是刘邦这种备受争议却气象极大的人一并来看，就可能看到相互补足、更加完整的中国文化。一般读书人对刘邦少有好感，几乎怎么看都怎么不顺眼。这多少是眼界所限。我一直觉得，如果一个读书人能懂得了刘邦，这个读书人的眼界与气象，肯定就会不太一样。

刘邦这样的人，跟一般意义上的读书人，多少是犯冲的。可有趣的是，刘邦后来之所以能够打得了天下，其中关键原因，恰恰是他底下的读书人特别精彩。你去看项羽，项羽底下算得上读书人、比较有头脑的，就一个范增，很难想到还有第二个。可是，刘邦底下，却有张良、陈平、刘敬、叔孙通等一群人。刘邦明明不喜欢读书人，可那群读书人看到他，却一眼就认可他了。这又为什么呢？因为他们知道，刘邦外表看起来没个样子，可实际上，却是真有本领、真有见地，尤其他那不沾不滞的能力，简直就是不可思议。

譬如郦食其。郦食其是个儒生，那时候六十几岁了，一个老头，每天在城边当“里监门吏”（等于是城门管理员）。每个起兵的英雄豪杰经过，他就冷冷地看一眼，看了许多时日，所有经过的人，没一个能让他看得上眼。可偏偏刘邦一经过，他就知道：这人了不得！

当时的人，对刘邦的看法就很两极。不屑的，极度不屑（譬如“商山四皓”）；倾慕的，也倾慕得不得了。这样的两极，一直延续到后代。十几年前，我开始带学生读《史记》，每次读到《高祖本纪》，同样一个故事，就可以看到学生完全不一样的反应。有的学生的反应是：好有趣哦！有的学生则很不以为然、一脸鄙夷，冷冷地吐出两个字：无赖。这样的对比，很有趣。司马迁在写《高祖本纪》时，本身对刘邦的意见到底又是如何，其实也众说纷纭。喜欢刘邦的人，可以在《史记·高祖本纪》里面找到非常多“确切”的例子；可是，讨厌刘邦的人，同样也可以在《高祖本纪》里找到许多“确切”的证据说：你看，司马迁就是用这种隐喻的方法表达他对刘邦的轻蔑与不齿！读来读去，其实就这么一卷《高祖本纪》，却可以让后世读者各自解读、各自表述。我觉得历史上所有了不起的东西，常常让人如此众说纷纭。司马迁写一个那么众说纷纭的人，可以让大家各取所需，变得更众说纷纭，这到底是大家被司马迁蒙了，还是大家读不懂司马迁？这实在是个非常有意思的大问题。

司马迁写《史记》，最独特的，就在于他的视角。

这样的视角，牵涉到我们这门课的主标题：“天人之际”。大家知道，人世间有许多事物在人的意念之外，是人力无法解决也没办法影响的，可是，事情偏偏又必然如此，这种人力所不及之处，在我们传统的用语，就叫作“天”。现在假使有一个人，眼界或生命状态已经达到天与人的交界之处，这个人就变得不好理解，因为，你不能只用人的角度来看他。这样的人，你会觉得他不近人情，无法用常情揣度，可他偏偏常常又是对的。司马迁的厉害之处，就在于碰触到了这一块。自司马迁之后，从班固写《汉书》开始，后代的史书基本就碰不着这一块了。为什么呢？从班固开始，所有写正史的人，清一色，通通都是儒者。儒家对于“人”的世界，有其强大而坚定的秩序感，可对于“天”这一块，却常常有隔阂。只要碰到这一块，他们就处理不了。他们解读事情时，通常会有个清楚的大是大非，也会有个清晰的道德观，但正因过于强调是非道德，反而受限于“人”，“天”这部分，就相对薄弱了。

我们现在直接看《史记》原文。因为原文太长，所以我们只能挑一部分看。在刘邦还没有开始打天下之前，司马迁费了不少篇幅铺陈，写了一些看起来无关紧要的事情。这些事情，请大家不要放过，因为这些其实都很重要。这是司马迁写史书的特长，他特别能写一些看似无关紧要的事情，可等全篇读完回头再看就会发现：哇，这些太重要，且太精彩了。

一开始，高祖，沛丰邑中阳里人，沛县丰邑中阳里那个地方的人。丰邑是沛县底下的一个乡邑，在刘邦打下天下以后，丰邑后来升格变成了一个县。这以后我们会提，大家留意一下就好。姓刘氏，字季。字季，这个得保留一下，他的字不见得是“季”。有些人说他名邦，字季。但是，我估计刘邦应该没有字，他这种出生背景的人，大概是不会有字的。这个“季”，其实很简单，就只因为他在家里排行老三。所以他大哥叫刘伯，二哥叫刘仲，他就叫刘季。这个不是名，也不是字，这个“季”是大家都这么称呼，叫他刘三、刘老三。如果他们家条件好一点，可能小时候人家就叫他“三少爷”，年纪大一点叫“三爷”，年纪再大一点，就变成“三老爷”，年纪非常大了，则是叫“三老太爷”，这就是“刘季”的意思。没有那么复杂，刘邦没有什么字。

父曰太公，他老爸叫太公，但这也不是他老爸真正的名字，太公的意思，就是“老先生”，刘老先生。母曰刘媪，他老妈叫刘媪，刘媪什么意思？刘老太太。所以，写了半天，严格讲：刘邦叫什么名字？不知道。他爸爸叫什么名字？不知道。他妈妈叫什么名字？也不知道。可说实话，这还真是无所谓。为什么？大家如果看过《大宅门》就清楚，在中国传统社会里，确实不太用得到名字。像白景琦，从小别人就叫他七少爷，后来七爷、七老爷，比较平辈的，就叫他白老七；大家读唐诗，不也读到“送崔九”“问刘十九”之类的吗？那都是同样的意思。所以，“刘季”就是“刘三”，许多人一辈子就是这样子被称呼，并不需要用到名字。这不能用现代人的观念去看：怎么写了半天，都没有写出名字呢？这其实无关紧要，不必太在意。

然后，其先刘媪尝息大泽之陂，梦与神遇。是时雷电晦冥，太公往视，则见蛟龙于其上。这一看就知道，不是写实。已而有身，遂产高祖。好像刘太公不是刘邦亲生爸爸似的，哈哈！不过，我们也不要太在意。我觉得比较重要的是，大家看一下《史记会注考证》有一行小字。这行小字是谁讲的呢？是清代的俞樾，他说，刚刚那种非写实的写法，盖当时方以为受命之符，不可得而削也，世以史公为好奇，过矣。什么意思呢？写这一段，牵涉到刘邦后来建立了汉朝，承受天命总是要有一些征兆，所以这是他受命的征兆，以太史公的身份，这一段要削是削不掉的，没办法削掉。后来很多人批评司马迁写这一段，是因为司马迁很喜欢写这些奇奇怪怪的事情，俞樾认为，如果这么批评太史公，那就太过分了。我觉得俞樾这么讲很中肯，可以参考。

高祖为人，隆准而龙颜，鼻子很高，然后，龙颜，大家想象一下，龙颜是怎么一个模样呢？额头特别高，下巴又是什么样子呢？不太好想象。美须髯，这倒好想象，关羽也是美须髯。比较有特色的，是左股有七十二黑子，长得密密麻麻，此非常人也。左股有七十二个痣，当然不是普通的数字，我到现在也还没看过。在座各位如果有的话，不妨也让我们开开眼界。

仁而爱人，喜施，意豁如也。常有大度，不事家人生产作业。这几句话重要。刘邦因为大气，所以仁而爱人，喜施，很乐意给别人东西。给人东西，他没多大感觉；你有需要，他就给你。这个“给”的本领，后来成为刘邦与项羽胜负的一大关键。意豁如也，豁达是刘邦的本性。常有大度，正因为大度，所以不事家人生产作业。你叫他老老实实种田，他就种得不太好，所以常常被他老爸嫌。他一直到最后当皇帝时，还消遣他老爸，说：以前你每次都嫌我种田比不上我二哥，你看，现在谁的事业做得比较大啊？

及壮，试为吏，为泗水亭长，到了壮年，去参加选拔，当上了泗水的亭长。亭长，在乡的底下，大概接近今日的村里长。亭长底下有两个事务员帮忙办事，算是很基层的公务员。廷中吏，无所不狎侮，“狎侮”二字，是刘邦的特征。我们待会儿再提。廷中，就是县廷、县政府，亭长也算是县政府管辖的。刘邦狎侮县府里所有的吏，如果是官，当然他不敢，可是一个县里面的官大概也就两三个，一个县令，一个县丞，了不起再加个县尉。除了这两三个之外，其他全部都是吏。吏基本上以本地人为主，无论官怎么调动，吏大致是稳定不变的，这近于我们现在的文官系统。中国的文官系统，从很早开始，就是官跟吏分开，一直沿袭到现在，像台湾地区政务官和事务官的区别。

我昨天读北京大学一位教授写的文章，他从政治学者的角度，说道，中国最伟大的发明，并不是大家所说的四大发明，而是中国的文官制度。整个文官制度把官跟吏切开，吏具有稳定性，可是没办法做决策；官由朝廷指派，具有决策权，也带有流动性。中国古代的官有个特色，就是不能在当地当官，因为这会牵涉到利益问题。中国古代把这件事分得很清楚，该有的稳定力量要有，可是不能因为过度稳定，产生尾大不掉、盘根错节的利益关系。中国很早就把这个问题解决掉了，反倒是我们今天退化了。今天台湾地区大多数的县市长都是本地人，否则，就很难选得上；既然是本地人，必定跟当地有着千丝万缕、盘根错节的利益纠结。利益一纠结，地方就容易各自为政，政策也难以贯彻。相对而言，现代处理这件事，反而没有古代清爽。

关于这点，我们先不管，再来看刘邦的“狎侮”。狎侮不等于霸凌，刘邦会闹别人，但不会霸凌。霸凌跟闹很不一样，霸凌是会伤到对方的，可是闹最多只是把对方搞到哭笑不得而已。刘邦会跟你闹，跟你玩，捉弄你，可是不会真的霸凌你。一个大气的人不会霸凌别人。会霸凌别人的人，基本上都小咖。没有一个大咖会霸凌别人，所以绝对没有一个霸凌别人的人最后打得了天下。除了刘邦，项羽也不会霸凌人。不过，项羽会直接把人杀了。

狎侮就是跟你玩、跟你闹，弄到快发脾气了，再搓一搓你的头，说道，没关系，好玩嘛！对他而言，什么事都好玩，因此可以在极短的时间内，把人跟人之间的隔阂全部消除掉，所以这种人打得了天下。我在西安有个学生，也算是这种会狎侮人的。他狎侮到什么程度呢？记得我第一本简体书《孔子随喜》在大陆出版后，在上海季风书店办了一个新书会，有一群朋友，分别从浙江、南京、天津，还有一个从日本过来。他看到人多，就勾着我的肩膀，说：咱们师徒拍一张照片吧！讲完之后，拍拍我的肩膀，说：这是我的得意门生！像这种话，正常的师生关系中当然不可能听见，可他做这种事，就做得很天经地义。我了解他，所以也觉得好玩。可我南京的朋友就因为有些事被他差点惹毛了，因为他什么事情都没大没小、没要没紧，什么时候都马马虎虎、随随便便，有人看他这种无赖的样子，当然会很抓狂。可是，他的能耐就在于，当你快抓狂的那一刹那，他会啥事都没发生过地岔开，跟你闹闹，好像也真的就没事了。这种人，就是会狎侮人。

会狎侮的人，外表看来，常常没半点正经，可当他严肃起来，却比谁都更正经。我西安这个学生，当初在山东读物理系，读到大四，受不了学院体系，觉得读那些东西根本就糟蹋人，于是就办了退学。大四退学之后，跑回西安住。我问他：你在西安靠什么过生活？他毫无遮掩，直接就说：在色情场所工作。西安有一种色情场所，叫黑舞厅，大众化消费，花些钱就可以进去，搂着舞女跳，跳一段时间之后，灯光全暗，然后，大家就不妨自行想象。他就是在那种地方工作，还一直跟我说，有机会到西安，一定要带我去黑舞厅。我笑着说：你会被师母打死哟！有趣的是，他在这种地方上班，平常下班后，逛的又是些什么地方？他说，下了班，就逛两种地方，一是佛寺，二是道观。平常读什么书？读“十三经”。这就有意思了。

像这种人，在不正经的背后，某些关键时候，反而会有一种异常的能量。他平常的状态，有点类似庄子所讲的“浑沌”。反过来说，平时一本正经的人，真遇到要紧的事情，反而常常比较没能量。平日老狎侮的人，他的生命就好像一个混沌的状态，整个能量就这样含着、蓄着，真遇到关键时刻，就源源不绝地涌现出来。所以遇到这种人，我们得稍微分辨一下，他到底是真正的混混，还是内有丘壑呢？

继续看，好酒及色，这种人常常好酒及色。常从王媪、武负贳酒，常常去一位王老太太，还有一位叫武负开的酒馆去喝酒，没带钱，还常常赊账。醉卧，武负、王媪见其上常有龙，怪之。比较有趣的是下面，高祖每酤留饮，酒雠数倍。刘邦每次喝醉了，别人就欺诈他，算钱都算好几倍。及见怪，等到王媪跟武负看到他上面有一条龙这种特异现象之后，岁竟，此两家常折券弃责。这两个人后来就把刘邦所欠的债券统统毁掉。

底下重要，高祖常繇咸阳，纵观，观秦皇帝，喟然太息曰："嗟乎，大丈夫当如此也！"刘邦常常到咸阳繇役，可能是他自己去，也有可能是以亭长身份带别人去。纵观，就是开放给人看；通常秦始皇出巡时，纵观的机会不多。平常应该是戒严，不让人看，但可能某一回开放，于是刘邦看到秦始皇的阵仗，便叹了一口气说：大丈夫就该如此！

《史记》在写刘邦跟项羽的时候，常常有个笔法，就是故意安排类似的情节。这些类似的情节到底是真，还是司马迁编出来的，我们并不晓得。但是，不妨先假设有那么一回事，在很类似的情节中，看司马迁写出两人不同的反应，形成鲜明的对比。于是，请大家翻到《项羽本纪》，我们看第四小页的第五行。秦始皇帝游会稽，渡浙江，梁与籍俱观。籍曰："彼可取而代也。"类似的情节，秦始皇帝去会稽，也就是今天的绍兴巡视时，渡浙江，就是渡过钱塘江，项梁和项籍（也就是项羽）两个人一块去看，看了之后，项羽说了一句话：彼可取而代也。他直接就说，秦始皇是可以被取而代之的。

刘邦说"大丈夫当如此也"，项羽说"彼可取而代也"，两者的差别在哪里？项羽一听就是霸气、杀气。刘邦是什么？中国一个很重要的字，叫"兴"。大家讲《诗经》风雅颂、赋比兴，"兴"是什么？"兴"就是好比你今天看到天气很好，蓝天白云，忽然心情好了起来。不见得想要干吗，也没太多具体的想法，可是整个人就这么神清气爽，有种飞扬的感觉，这就是"兴"。刘邦这番话就是个"兴"，大丈夫当如此也。刘、项截然不同的反应，可以清楚看出，两个人的气象是完全不一样的。

"喟然太息"底下的考证，引了凌稚隆的话说：高祖观秦帝之言，较之项羽，气象自是迥别，这里要特别提一下“气象”二字。这两个字是典型的中文。典型的中文意味着，如果要翻译成现代的语言，尤其翻译成外语，基本上是办不到的。“气象”怎么翻？没办法翻吧！毕竟，这跟天气完全是两码子事。我们说一个人气象如何，那是彻彻底底没办法翻译的东西。

首先，什么是“气”？这就不好说。今天假使我一脸“怒气”，大家可以感觉得到，可是这样的“怒气”，并没有实证、具体的东西，没办法把它讲清楚、说明白。但即便如此，“气”这个字中国人仍用得很普遍，大家也都能感觉得到。所以，愈彻底的中文，比如“气”，就愈只可意会不可言传。这样的只可意会不可言传，也同于我们常常说的，中国是一个诗的民族。诗是什么？诗就是说不清、讲不明，正因为说不清、讲不明，所以唐诗一旦翻译成白话，试图要变得清楚明白，反而就不堪卒睹了。

“气”这个字如此，至于“象”，就更麻烦了。“象”要怎么解释呢？比如我们说，台湾这十几年来，已呈现衰“象”，这个“象”，指的是什么？它必然有些看得到的东西，可又没办法明确地指出。这和“气”有点类似，都是在若有似无之间。中文最关键的字都是这样，既不是完全抽象的字眼，又没办法具体看得到、抓得着。中文世界里面最精彩、最动人的东西，几乎都是类似这样的语言。

我们回头再来看“气象”。传统看一篇文章，重点不在于技法，而在于文章的“气象”。譬如今天台湾的文学界，有很多人文笔非常好，写东西也非常精巧，可惜，巧则巧矣，就是没有气象。在他们的笔下，爱恨那么炽烈，欲望那么无法自拔，连吃个东西，都能写得精巧无比、天花乱坠，可是，就是没有气象。今天台湾最大的问题，就是“气象”已经慢慢消失了。现在消失到什么程度？消失到年轻人连“气象”两个字都搞不太清楚了，这才是大麻烦。

下面接着看。单父人吕公，善沛令，吕公，就是吕后的爸爸，也就是后来刘邦的岳父。善沛令，跟沛县的县令很有交情。避仇，我们读《史记》时，常常会看到这两个字：避仇。把别人杀了，然后跑路。跑路有两个原因，一怕被官府抓到，二怕被仇家杀掉，两种情况都有。换言之，大家知道，秦朝的法令很严格，可是秦法的严，和大家想象的又不太一样。他们当时杀人亡命、跑路的人，似乎蛮多的，也很少被抓到。他们的严，是在某些方面很严，可像这种方面却一点都不严，比我们现在松太多了。现在你杀了人，去跑路看看！绝对不像秦朝那么方便。从之客，跑去沛县朋友那边做客。因家沛焉，因此住在沛县。因为住到沛县，跟沛令关系又好，沛中豪桀吏，闻令有重客，皆往贺。沛县那个地方的豪杰，还有吏，听说县令有重要的客人来，都前去祝贺。萧何为主吏，萧何在这边头一次登场，当时他的身份是沛县主吏，如果用今天的话来讲，大概就是沛县的人事主任。主进，他在那天的宴会负责收礼金、安排座次。令诸大夫曰，跟所有与会的人说，进不满千钱，坐之堂下。送的礼金不满一千钱的，坐堂下。堂下是什么意思？就是厅堂外头的院子。意思是，满一千钱的，坐厅堂；不满一千钱的，就坐院子。

高祖为亭长，素易诸吏，刘邦当时当亭长，向来对那些吏随随便便。乃绐为谒曰，贺钱万，实不持一钱。“绐”是假装，“谒”是拿正式的拜帖，上面不仅写上某某人，还要写上礼金多少。刘邦就写了：刘季，礼金一万，实际上一毛钱都没有。然后他就进去了，吕公一听，哇，有人礼金一万钱！吕公大惊，起，迎之门。到门口欢迎。重点是后面，吕公者，好相人，吕公这个人，很会看面相。见高祖状貌，刘邦的相貌太特殊了，吕公一眼看出这人气象不凡，所以，因重敬之，引入坐。这时候，萧何看吕公如此郑重其事，忍不住泼冷水，就在一旁言道，刘季，固多大言，刘老三，整天就只会说大话，少成事，根本没有什么事情是真的。结果，高祖因狎侮诸客，遂坐上坐，无所诎。这就有趣了。高祖进去以后，每个客人他都闹一闹、狎侮一下，好像他是主人似的，轮番敬酒，然后还去坐主桌的上座。无所诎的“诎”，通委屈的“屈”。他去坐在上座，一点别扭都没有，坐得理直气壮，坐得轻松自在。这是刘邦的本领。就算耍无赖，能耍到这个地步，将来这人即使有什么挫折、有什么困难，恐怕也都很难难得倒他。今天换成我们，坐在那边，肯定会全身不自在，这是人之常情。可是他坐在那边，能够完全“无所诎”，这就非常人也。在座诸位，包括我，我们都做不到这种程度，这看似只需要个无赖，其实难度还挺大的。这里头，是有种将世间俗情与不必要的纠结完全不当回事的本领，才办得到坐上座而丝毫“无所诎”。

接着，酒阑，酒喝完之后，吕公因目，固留高祖。吕公用眼神暗示，请高祖留下，高祖竟酒后，高祖喝完酒之后，吕公曰：臣少好相人，“臣”意思就是“我”。有时候对人自称“仆”，或是“臣”，都是客气的说法。后来“臣”的说法集中在君臣间，但在古代，这是个普遍的用法。相人多矣，无如季相，我看了那么多人，从来没有看过一个面相如你这么好的，愿季自爱，希望刘老三你好好自爱、好好珍重自己。臣有息女，愿为季箕帚妾。我有一个女儿，希望她能够成为帮你拿畚箕、拿扫帚的妾，意思就是嫁给你。酒罢，吕媪怒吕公曰，酒宴罢了，回到家后，吕老太太对吕公发脾气，说，公始常欲奇此女与贵人，你以前总觉得这个女儿相貌非凡，将来一定要嫁个贵人，结果，沛令善公，沛令跟你这么好，求之不与，何自妄许与刘季？沛令求婚，你不答应，为何反要嫁给亭长刘老三呢？吕公面对老婆的质问，只讲了一句：此非儿女子所知也。这不是你们妇道人家知道的，卒与刘季，最后就嫁给刘季了。吕公女乃吕后也，这位吕公之女就是后来的吕后，汉惠帝的母亲。

高祖为亭长，时常告归之田。刘邦当亭长的时候，时常请假回家种田。吕后与两子居田中耨，有一老父，过，请饮，老父经过的时候，讨杯茶喝，吕后因铺之，吕后不仅备了茶水，还请老先生吃一顿饭。这个小细节，请大家留意一下。这个叫什么？这叫民风淳厚。一个老先生经过，口渴，问能不能讨口水喝，结果吕后不仅请对方喝茶，还请吃一顿饭。这是在秦朝末年。所以大家不用把秦朝想象成每个人都活在水深火热之中。没有啦！一般民间的生活，大概是我们印象中中国文明该什么样子，就是那个样子。该和善的，还是和善，该跑路的，还是跑路，跟秦法之严是两码子事。秦法的严，是某些表层的东西严，可在民间，其实政治力干预得不多。中国民间第一次被整体干预，是现代才有的事情。

事实上，整个中国一直有显性与隐性两个系统，隐性民间的这块，一直有很强大的稳定力量；那种淳厚的风俗，基本上一直变动不大。这是中国历史的一个特色，大家留意一下。

然后，这位老父也会看相，他说：夫人天下贵人。吕后就请这个老父也帮小孩看看相，令相两子，见孝惠，曰："夫人所以贵者，乃此男也。"相鲁元，亦皆贵。老父已去，高祖适从旁舍来，刘邦刚好从邻居那边过来，吕后具言，吕后把刚刚的话都转述给他听：客有过，相我子母，刚刚有人经过这边，看了我们母子面相，皆大贵。高祖问：他现在在哪里？曰，这个曰，是吕后所说，她说：不远。乃追及，问老父。老父曰：乡者夫人婴儿皆似君，君相贵不可言。"乡者"就是"刚才"，刚刚夫人还有婴儿，这个"婴儿"和我们现在的"婴儿"有点距离，因为汉惠帝不可能在婴儿时就有办法到田里除草，所以这里的"婴儿"是指"小孩"。高祖乃谢曰：诚如父言，如果诚如你所说的，不敢忘德。及高祖贵，遂不知老父处。这里面相的情节出现了两次，一次是吕后的爸爸看相，另一次是这个老先生看相。

下一小段要特别说一下：高祖为亭长，乃以竹皮为冠，令求盗之薛治之，时时冠之。高祖当亭长的时候，会用竹皮编冠。刚刚讲过，亭长底下有两个手下，其中一个就叫“求盗”，专门负责抓盗贼之类的。“之薛”的“之”，就是“到”，到薛地去制冠，然后常常拿起来戴。及贵常冠，所谓“刘氏冠”乃是也。等到他有地位之后，就常常戴这个冠，这就是后来人们所说的“刘氏冠”。

司马迁写这段，看似无关宏旨。如果《高祖本纪》把这一小段抽掉，也不影响任何情节，对于后来的历史发展，更没什么妨碍。但是，《史记》类似无甚相干的段落，却四处可见。我们把这样的段落，叫作“闲笔”。《史记》常有闲笔。大家如果读《资治通鉴》，《资治通鉴》绝对不会有闲笔，因为儒者都一刻不能闲，从不做“无益”之事。哈哈！闲笔是中国著作中常见的特色，最好的例子，就是章回小说。章回小说每个要角登场之前，里里外外，总要先铺排一段，铺排之余，常常再写一两首诗，歌咏一番。如果把这些诗拿掉，会不会影响情节？当然不会。可是，在古典小说里面，类似无关紧要的篇幅，却多得不得了。为什么？因为古人知道，关心一件事，不能只关心情节，更该关心的是事情后头那个人的性情。写这些“无关紧要”的闲笔，都是为了描写人物的性情。只有掌握得了性情，对于情节的演变，才可能有一种更接近核心的体会。

换句话说，中国人的叙述并不是直线逻辑、一环扣一环的目的论，所有的铺陈也不必指向一个最终的目标。中国的叙述方式当然有个大方向，可时刻也都能圆满自足，准确地说，中国的东西都有一个“当下性”。大家如果懂得这点，看传统戏曲才会看得开心；否则以西方的角度来看，就会觉得传统戏曲怎么都如此拖沓？故事推展怎么都如此缓慢？譬如《四郎探母》的第一折《坐宫》，五十分钟只讲一件事情，就是杨四郎心事重重、吞吞吐吐，最后终于跟铁镜公主说：“我想见我妈。”以故事而言，平淡、琐碎，情节几乎停顿，可大家知道，《四郎探母》的《坐宫》是一折多好的传统老戏呀！

戏曲的特色是戏愈老、愈熟，大家愈爱看，真可谓百看不厌。看熟戏与情节几乎无关，反正情节早知道了，大家根本就不在意。所以中国人看戏，与其说是关心故事的发展，更不如说是在“涵泳玩味”故事中的生命意味。“涵泳玩味”就牵涉到中国文明两个关键词的其中一个：“乐”。“礼乐”，乐是干吗的？乐就是涵泳，就是玩味，借着这样的“涵泳玩味”，进而再滋养人的生命。

《史记》的文章就有“乐”的境界，可以有闲笔，可以荡出去，不会只追着一条线索让读者只关心：再来呢，再来呢？司马迁不会把文章写到这么紧绷、这么令人喘不过气来。他写到一件事情，可以当下荡开，大家随着他游荡了一回，回头再看，不仅游荡得好玩，更突然胸襟一开、气息绵长了。这其实是《史记》作为经典非常重要的特色。我们读《史记》，有两个关键的切入点：第一是“诗情”，第二是“修行”。司马迁写《史记》是有诗情的，《资治通鉴》没有。所有中国的好作品，一定得先有诗情。

墨家在先秦时代那么兴盛，孟子不是说了“天下之言，不归杨，则归墨”，可秦汉之后，墨家却一下子就衰落了。个中原因，当然很多，可其中一条，实在是因为墨子的文章写得太差，毫无诗情可言。最好的反例，则是孟子。孟子最大的优势就是文章写得极好，有种气场，有股感染力，别人即使不赞成他的观点，都忍不住要一直读下去。这是中国的特色，任何东西要有文采，要能让人涵泳玩味；所有可以传下来的东西，必定是文学的，必定有诗情，这是很重要的。

中国的东西，只要是纯说理，即使说得再好，也没用。包括佛经。当年玄奘不辞辛劳，游学印度十七载，可他翻译的版本，为什么没有鸠摩罗什那么通行呢？我想，就是因为他的文笔比不上鸠摩罗什吧！玄奘在中国的名声那么大，得到皇家的资助，又出了几个极突出的弟子，可是他创的法相宗却三代而衰，为什么？因为法相宗那种重视逻辑、推理、思辨性的东西，不符合中国人的性情。换言之，玄奘的译本也好，创立的法相宗也罢，都少了中国人很在意的那份诗情。

这样的诗情，就决定了中国人看事情的角度。一方面虚实相生，一方面若有似无。因此，中国人不在意情节紧凑，也不在意逻辑紧密，更不在意直线发展。这和西方人看事情的视角大不相同。西方人看事情，两个点之间，很习惯从A点到B点直接拉一条直线——就像西方的大公园，门口总有一条很大的路，两侧花草，整齐对称——从头到尾，一览无遗。中国人从来不是这样看事情的。A跟B这两个点之间，中国人非得要弄得弯弯曲曲不可，A点总是看不到B点，否则，就不好看，也没意思。所以中国的庭院有个照壁，不让人一览无遗，最好就像苏州庭园那样，曲径通幽，移步换景，走一步就一个景，走一步又另一个景。这样的曲曲折折，正是中国的特色。

这样的特色，也反映在中国语言的强烈诗性。因此，中国人的语言特别丰富，特别具有弹性；也因此，中国人擅长说反话、讲假话。真真假假、假假真真，“假作真时真亦假，无为有处有还无”。我以前没开窍，一直到年纪不小了，才终于懂得一件简单的事儿。懂什么呢？相较于男人，女人其实更懂得语言虚实的诗性。我后来才知道，原来女人称赞男人有一种方式，是跟男人说：你好坏！原来，她说“你好坏”的意思，其实就是“你好好哦”。当我们使用这种语言时，一向都使用得如此自然而心照不宣，绝对不会有一个男人在听到“你好坏”的时候，很严肃地转过头来问：我坏在哪里？如果有这么问的男人，我们只好拜托他：您去撞墙，好不好？

正因为中国人的曲折反复、虚实相生，所以章回小说的故事每回发展到大家急着要看结果时，常常随即转了个弯，说时迟、那时快，然后便荡开来，另外又写了一两万字。岔出去写了半天，好，终于又一句“言归正传”，才悠悠缓缓回到刚刚的情节。这就是中国的特色。中国人不管在多么紧张、多么关键的时刻，都有办法从那个节骨眼跳脱出来。这正是中国人的解脱境界。换句话说，在中国人的眼里，没有什么事情紧要到可以把人给真正束缚住；再要紧的事情，我们也都可以当下解脱。因此，章回小说里，尤其是在戏曲里，常常故事停顿，没剧情发展，纯粹就在情感或细节中铺衍，大家却觉得很好看，似乎也不关心故事情节发展到哪儿了。为什么？因为情节对大家而言，固然重要；但再怎么重要，仍须能从情节解脱开来。所有中国的东西，背后都有这个原理。

这样的随处解脱，就是中国人的“自由”。中国人的“自由”，跟西方人讲的不太一样。中国人讲“自由”，不强调西方式外在的无拘无束，而是再多的牵绊都能无碍于内心的解脱。反之，只要被一个东西压住，挣脱不了，那都不是自由。无论这东西看来再好、再动人，甚至再神圣，总之都是不祥之物。

所以，为什么孟子文章那么好，可我还是要批评他呢？毕竟，即使你是对的，只要坚持自己是正义化身，对别人可以那么义正词严、毫不留情，你都已经被心里的正义给镇魇住了，那就是不祥之物。换句话说，纵使你心里有个真理，那真理也必须能呼吸吞吐，这才是中国人最高层次的自由。

从这个角度看，如果你读历史，从头到尾只关心整个发展的情节，最后就会变得无趣。最后不仅是无趣，还因为你太关心这些貌似重要的东西，反而失去最重要的自由。正因如此，我才会写《消散迷失已久的魂魄，久违了！——我读〈史记〉》那篇文章，谈《史记》与《资治通鉴》的异同。司马光因为是个儒者，很关心“资治”，很关心实际的事情，结果就因为太“实”了，便把《史记》里许多闲笔，看来与“资治”没那么直接关联的东西，统统都删掉了。可一旦把这些东西删掉之后，反而失去了呼吸吞吐的能力。一个人能否“治”得了天下，并不是靠着直线思维，其实更多是曲线思考，老子说的“曲则全”，得要有呼吸吞吐的能耐，才成得了大事。所以看事情不能只直线地看因果关系，那样反而做不成事。有些人愈急着把事情做好，常常愈做不好，原因就在这里。相反地，你看一些能成事的人，常常就是吊儿郎当的，生命宽松，没太强烈的目的性，遇到关键时刻，反而容易转身，找到出口，因此可以把事情弄好。这里面都有类似的原理在。所以大家看到司马迁写这种闲笔的时候，别小看它。

那么，司马迁为什么写“刘氏冠”呢？第一个，刘邦是个闲人，有闲情逸致；第二个，刘邦花样多，凡事好玩。这个“好玩”，最重要。正因为好玩，所以刘邦跟项羽争到你死我活之时，依然可以游刃有余，再怎么艰难，都不为所困。如果在垓下被围的，换成是刘邦，当他杀出重围，最后逃到乌江，又会怎么样？显然刘邦绝对不会“无颜见江东父老”，他没这种问题嘛！对不对？他逃到乌江，回头一想，想到自己逃得这么狼狈，可能还觉得好好玩！好玩，事情就困不住他；你那么认真，凡事那么较真，最后就可能把自己给逼死。

好，我们“言归正传”，高祖以亭长为县送徒郦山（今骊山），徒多道亡。自度比至皆亡之。后来，刘邦以亭长的身份，送县里服劳役的人去骊山。去骊山的，多半没啥好下场，所以很多人中途就逃亡了。刘邦估量一下情况，按这形势，等到了骊山，大概全都跑光了。全跑光，他也不必活了。所以，到丰西泽中，止饮，才到丰邑西边的泽中，在那边歇会儿，喝了些酒，结果，夜乃解纵所送徒曰，那晚喝酒之后，就把去骊山的这批人全部放走了。放走时，他说道，公等皆去，吾亦从此逝矣，你们都去吧，我也从此“逝矣”，开始亡命了。这句话，是刘邦的本色，也是刘邦的气度。他后来打得了天下，就是因为有这样的气度。你们去！我也要亡命啦。刘邦一生的事业，就从这个亡命开始了。

接下来，我们直接跳到后面的第二十三小页。中间过程，我大略交代一下。刘邦亡命之后，躲到山里，聚集了近百人。不多久，陈胜揭竿而起，天下响应，包括沛县的县令也觉得苗头不对，想起兵，便找了外头稍有实力的刘邦回来。但刘邦回到沛县，还没进城，县令却后悔了。于是萧何、曹参等人与刘邦结合，号召沛县城里的人把沛令杀了。沛令一死，大家公推刘邦接任，刘邦一开始推辞，可萧何、曹参等人因担心将来事败会株连族人，不愿出头，便一致硬推给刘邦。刘邦本来就有些神奇异能，又有长者风范，再者，若依卜筮的结果，也属刘邦最吉。于是即使再三推辞，刘邦最终仍成了沛令。

刘邦正式起事后，投靠项梁（项羽的叔叔）阵营。项梁找了楚王的后代，奉为神主牌，就是后来的楚怀王。有了这神主牌之后，项梁的声势也渐渐大了起来，但没多久，项梁被秦军所杀，楚怀王遂得以掌握军权，重新部署项羽、刘邦等人的军队。

二十三小页第三行，秦二世三年，楚怀王见项梁军破，恐，徙盱台、都彭城，并吕臣、项羽军，自将之。以沛公为砀郡长，封为武安侯，将砀郡兵。封项羽为长安侯，号为鲁公。吕臣为司徒，其父吕青为令尹。这边不管，继续往下看。这时候，北边的赵国数请救，好几次请求救兵。楚怀王于是任命宋义为上将军、项羽为次将军，范增为末将，往北边救赵；同时，又令沛公西略地入关。入什么关？入函谷关，进关中。这对于刘邦，是件关键的大事，因为楚怀王与诸将约，先入定关中者王之。哪一个人先进关中，平定关中，就可成为关中的王。那时候的关中，是秦帝国的中心。能在关中为王，就等于取得了天下第一要地。

当是时，秦兵强，那时候，秦兵很强，常乘胜逐北，所以，诸将莫利先入关，大部分的将领都不愿先入关，因为一定会被秦兵打垮。独独只有项羽，怨秦破项梁军，奋愿与沛公西入关。所有的将领都不愿意进关中，只有项羽例外，因为他的叔叔项梁被秦将领所杀，所以他想和刘邦一道进关中报仇。结果，怀王诸老将皆曰：项羽为人僄悍猾贼。项羽尝攻襄城，襄城无遗类，皆坑之，诸所过无不残灭。这段话，是大关键。第一，楚怀王本来就对项羽不放心；第二，楚怀王身边的人也都不喜欢项羽；第三，他们批评的，确实是项羽的致命伤，项羽这人剽悍，他曾攻打襄城，襄城就毫无遗类，全被杀光。

我们接下来读《项羽本纪》之后，就会发现，“皆坑之，诸所过无不残灭”的确是项羽的特点。项羽走到哪里，那里就一片刀兵。项羽情绪一涌上来，刹车都刹不住；憎恨心一起，就没人挡得住。要不就坑，要不就屠城。被他所屠、所坑杀的，实在不胜枚举，这正是项羽最终无法得天下的关键原因。项羽固然有强大的爆发力，可他个性的问题，等时间一拉长，就慢慢汇集起来，最后在关键时刻就把自己给毁了。

楚怀王本来就担心项羽坐大会难以驾驭，尤其项羽一旦进了关中，肯定要杀烧掳掠，只会让问题变得更棘手。不论是自己的考虑，还是整个天下的角度，他都不想让项羽进关中。所以，不如更遣长者，扶义而西，告谕秦父兄矣。秦父兄苦其主久矣，今诚得长者往，毋侵暴，宜可下。今项羽僄悍，今不可遣。独沛公素宽大长者，可遣。卒不许项羽，而遣沛公西略地。这是刘邦一生最大的转折。刘邦为什么能够进关中？因为在楚怀王眼里，刘邦是个“长者”。长者，外表上是年纪大，实际上，是有长者的风范。长者的风范又是什么？宽厚，事情看得远，凡事留有余地。这样的人才会被称为长者。当时，楚怀王就是因为刘邦有这样的人格特质，才派他进关中；也正因如此，刘邦后来才能以关中为大本营，跟项羽楚汉相争长达四年，进而打垮项羽，统一天下。刘邦的一生，如果要说有极大的转折，进关中肯定是其中之一。而他之所以能进得了关中，恰恰就是因为他的性格。人们常说：性格决定命运。刘邦就是一个绝佳的例子。

第二堂课

我想，一开始出点状况[①]（手指着麦克风），多半是件好事。别像项羽打天下，一出手，便一帆风顺。现在我遇到太顺的事情，心里多少会有点发毛，总觉得不踏实，似乎不该如此顺利才对。读了《高祖本纪》，这点正可以给大家一些心得：顺逆之间，可以用不同的角度来看。这门课叫“天人之际”，就人情而言，当然任何人都希望一切顺顺当当；可从天道来讲，那就未必。从天道来讲，一开始出些状况、有点横逆，反倒常常能成全后面的一些事情。

今天台湾的教育为什么完蛋？说白了，就是大家想方设法要让孩子处在完全没横逆的状态，啥东西都替他们想得周到，照顾得细微，如此一来，将来他们的人生当然会完蛋。小孩吃点苦、遇到些磨难，对于往后的人生，通常会是件好事。就天道而言，这道理多少是有普遍性的；不仅刘邦，其实每个人都一样。

同样的缘故，很多人年少成名，也不见得是好事。譬如最近，王菲不是跟啥人离婚了吗？你说，王菲有什

---

① 还没正式上课之前，麦克风没有弄好，杂音颇大。

么问题？其中之一，我想，大概就是太早成名吧！那么早成名的人，他们生命里都有一种奇特的欠缺，少了那种在泥巴里打滚、经历横逆之后该有的生命力。我觉得这种太顺遂的人，身上都欠缺这种东西。就这点而言，刘邦和项羽恰恰形成最强烈的对比。上次我们讲刘邦斩白蛇，那时他年纪多大了？恐怕都快五十了。五十岁之前，他的名声一直不太好。所以，在座各位如果外头的名声不算太好，也算是差可安慰。至于名声太好的，偶尔被别人骂一骂、讲得难听些，也可安慰自己一下：幸好还有机会把自己的好名声给破一破。否则，如果名声一直太好，将来会出什么事，谁知道？

好，上次讲到楚怀王派刘邦入关，这是一件关键大事。关中是当时的重中之重，四面高地，中间有八百里秦川。之所以名唤关中，是因为周遭有四个有名的关隘。最著名的，当然是函谷关，从河南进陕西的必经之道。当年老子骑牛过此，后来不知所终，就是这儿。除函谷关之外，东南边有个武关，西南边则是散关，至于萧关，是从西北而入。因为在这四关之中，故曰“关中”。当时，楚怀王派刘邦入关，刘邦就是往河南南边走，从南阳（在古代叫“宛”，京剧有一出很有名的戏叫《战宛城》），经武关，再进入关中。这是地理的基本概念，先讲一下，后面会清楚些。

再看三十三小页的第一行。诸所过毋得掠卤。秦人憙，秦军解，因大破之。又战其北，大破之。乘胜，遂破之。刘邦经武关进关中，大破秦军。然后，汉元年十月，这个地方稍微说明一下。在这之前是秦二世，自二世被赵高杀死后，二世的继位者秦王子婴把皇帝的印玺封起来，不说自己是皇帝，变回了秦王，所以秦朝至此算是结束了。从此，按说是项羽，也就是应该以西楚霸王纪年，可是后来的正统是刘邦，所以这一年开始算汉元年。至于这里的汉元年十月，前头则是秦二世的八月、九月，紧接着就是这里的汉元年十月。汉初与秦朝是同样的历法，一年的开始都是十月。周代十一月，商代十二月，夏朝才是以我们现在的农历正月为一年之始。秦代这种以十月为一年之始的历法，直至汉武帝制定太初历，改正朔，才又挪回夏朝的正月。后来这个历法，就一直沿用到现在。我们现在每年的春节是一年的开始，就是从汉武帝太初历那时候开始的。而在汉武帝太初之前，仍是依秦历以十月为一年之始。大家在读这一段《史记》的时候，常常会读到汉几年，一开始就写十月，就是因为这个缘故。

沛公兵遂先诸侯至霸上，沛公的军队比所有的诸侯先到了霸上。霸上离咸阳很近。秦王子婴，就是二世被杀后的继位者，素车白马，他的车子、他的马，全都是白色的，系颈以组，颈子上也弄个白布，随时可以自尽。封皇帝玺（印玺）、符（兵符）、节（代表皇帝的信物），把皇帝这些东西通通封起来，降轵道旁，在轵道旁投降。也就是秦王子婴正式向刘邦投降。这时候，诸将或言诛秦王，刘邦身边的将领劝刘邦把秦王杀了，因为秦朝暴虐，大家怀恨甚深。结果，沛公曰：“始怀王遣我，固以能宽容；且人已服降，又杀之，不祥。”刚开始时，怀王之所以会派我入关，就是因为我能够宽容。更要紧的是，对方早已降服，却又要把他杀掉，这是一件不祥之事呀！

这里要特别留意的，就是“不祥”两个字。

我最近写了一篇文章给《中国时报》，专谈“不祥”二字。在《史记》一书里，判断事情时，常常讲着讲着就出现“不祥”二字。这样的字眼，现代人用得少；可在秦汉以前，却用得很普遍。其实中国自宋、明以后，“不祥”二字就慢慢少用了，更多则是用一些道德仁义的字眼；但在秦汉以前，遇到类似情况不谈那么多的道德仁义，而是直接说“不祥”。所谓“不祥”，“祥”这字的左边是“示”字旁，跟天有关系。所以，“不祥”是站在天道的角度来说，说的不是人的是非对错，而是从另一个高度来看吉不吉祥、会不会招灾引祸，纯粹是从天的角度来看的。

跟“祥”相反的字眼，叫作“灾”。世间有很多的灾难，常常跟一般人认定的道德不太相干；很有道德，同样也可以造成许多灾难。譬如，眼下有一位马英九，对不对？他那么有道德，这是无可否认的。在座比他有道德的，恐怕不多；至少，我肯定是没他那么有道德。可是，假使换成我们来当“总统”，造成的灾难可能会比他少一点！有道德跟有灾难，这是两个不同的概念。换言之，灾祥是站在跟人的是非对错不太一样的立足点。中国自从独尊儒术，尤其宋明理学过度夸大儒家的重要性之后，就产生了这个问题。大家都过度认为只要人人有了道德，这世界就太平了。其实恰好相反。有时候，人愈有道德，造出来的灾难就愈大。

大家只要看看宋代的新旧党争，王安石、司马光，哪一个不是道德君子？以一般的道德标准来讲，他们都没啥好挑剔，可最后造成的灾难却有多大？包括明代末期的东林党人，一个个也都自诩是道德君子，但他们与阉党的倾轧，却将朝政弄到彻底地不堪闻问。向来历史课本都把矛头指向阉党，可说实话，这是不尽公道的。在这整件事情中，那些道德君子肯定也要负一定的责任。这就好比有人做了坏事，旁人倘使不多说话，他坏的程度可能还有个限度；可如果旁边有人卯起劲来整天痛骂，这些骂的人本身又不无瑕疵，却以极高的姿态恣意进行攻击时，坏人做起坏事，就可能会更决绝。有时候，纯粹就只为了一口气，存心要做给这批自以为是的人看看。明末党争之所以会那么严重，部分原因就在于那一群自认为很有气节的东林党人整天高姿态地痛骂。大家知道，被别人骂了之后，真正会改的，其实不多；反倒变本加厉的，却是不少。就像面对孩子一样，以前我在国中教书时，对此就特别有体会。国中的小孩正处在青春期，叛逆嘛！某些孩子之所以愈变愈坏，恰恰就是因为“官逼民反”。常常是因为他们的老师太“认真”，措辞太严厉，才把孩子给“逼上梁山”的。

当然，我的意思不是说小孩不能骂，关键是要如何骂、用怎么样的心态骂。事实上，小孩不仅要骂，小孩也要打。上回在北京，王财贵先生举办了一个全中国的读经教育高端培训班，请我讲座。讲完后，有人问我关于“体罚”的意见。之所以有这个问题，是因为大陆也禁止体罚，而提问者显然有不一样的意见。我的回答是：台湾有很多人体罚，但台面上公开承认的，却是不多；比较特殊的是，我不仅公开赞成体罚，而且还身体力行。

记得早些年马英九还在当台北市市长时，有个议员在议会调查：官员在家里从没打过小孩的，请举手。结果，就只有两个人举手。至于没举手的，几乎都低着头，像做亏心事似的。我的感觉是：这群人窝囊！小孩其实可打，可不打。如果你完全不打，也能把小孩给教好，我会深感佩服：有一套！假使你打小孩，把小孩教得身心健全，那也是有一套！换言之，打小孩也行，不打小孩也行，但千万别搞到全身纠结。一旦纠结，人就窝囊。

以前我教书，打了十几年小孩，没出过事。可是学校有某些老师明确反对体罚，后来反倒是他们容易出事。为什么？因为他们认定体罚是罪恶，可有些小孩的确是嚣张，一开始，他们当然会用爱心来处理，可有时而穷，后来到了极限，他们先是忍，继而纠结，纠结一阵子，最后就在忍无可忍的时候就爆发了出来。这一爆发，当然出事。要么，就出手过重；要么，就是情绪彻底发泄，非理性的字眼都迸了出来。可是，如果他体罚之时，是在平常心的状态，甚至是谈笑用兵，又怎么会有状况呢？

天下之事，本有其自然规律。人不要高估自己的“爱心”，也别夸大自己的“道德”；“爱心”与“道德”有其必要，可如果与自然规律悖反，最后就会变成“爱之适足以害之”。《史记》里讲“祥”或“不祥”，就是从自然规律着眼。当时的人喜欢用这样的字眼，正意味着，他们离天近。他们看事不会只从人的应不应该、道德不道德的角度来看，他们还有一个更辽阔的视野，会跳到天道的高度。换言之，他们是活在“天人之际”的状态。今天我们读这段，会特别有真切感；因为台湾当下的困境，就是执着于太多情感，才把事情搅到不清不楚。

举个例子，大家都知道一两个月前全台湾纠缠不清的洪仲丘命案。关于此事，我和媒体的看法完全不一样。这事刚曝光时，媒体完全一面倒，都站在彻底同情洪仲丘的角度，跟平常台湾标榜的“多元”完全两回事。后来《中国时报》有篇刘屏的文章，却有些意思。他提到，前阵子美国也发生类似案件，主角是个华裔大学生，投笔从戎，去伊拉克，最后被虐杀了。此事的结果是，部队有一个与此直接相关的少尉排长被追究，判了半年徒刑，勒令退休。再往上，就没了。这事有两个要点：其一，大家都说台湾法治不足，所以才出现洪仲丘命案；可刘屏强调，即使美国那么标榜法治化，也同样有虐杀事件。换句话说，这事跟制度完不完善没那么相干。其二，美国那么强调人权，最后却只追究到一个少尉排长，反倒是台湾一路往上追究到少将旅长，然后连累到“国防部长”辞职，“总统”也为之道歉，这符合比例原则吗？

我想，台湾是一个温厚的社会，但凡事一利一弊，台湾现在最大的罩门，恰恰就在于把温和与厚道过度延伸，尤其在民粹的推波助澜之下，许多事情都变成了“宋襄公之仁”。现在很多绿营的人不是都骂马“总统”是“马襄公”吗？说实话，不管是马襄公、宋襄公、X襄公，这种种的“襄公”，都把人的不忍之心无限扩大，事情也一桩桩都变成是小题大做，最后，就导致了台湾社会的根本错位。

洪仲丘事件中，大家当然应该同情洪家，但同时，我们也该爬梳清楚的是：到底，戒护士要负多大的责任？连上与旅上的长官要负多少责任？而洪仲丘自己又该负怎么样的责任？说实话，洪仲丘的性格有种很麻烦的反差：一方面，他高姿态、自以为是；可另一方面，他又很认真、守规矩。早先料定快退伍了，长官奈何不了他，可一旦突然被抓去关禁闭之后，瞬间紧张过度，就产生了巨大反差。当过老师的人都知道，有些原本很自以为是的学生，如果一下子被掐住，常常会变得异常的乖。正因为被吓到，突然变乖了，所以在禁闭室操练时，所有人都知道该马虎就马虎时，独独只有洪仲丘认真老实地“照规定来”。当兵只要真的“照规定来”，大概可以把人给活活累死。毕竟，“照规定来”，原来是非常时期（也就是战争时候）不得不然的标准。承平时候当兵，多半是在心照不宣的情况之下该混就混，最忌讳过度较真。结果，洪仲丘怎么死的？就是当大家都知道“应该”要混时，只有他不混，特别认真，特别“照规定来”。他为什么那么认真？很简单，因为被吓到了。为什么被吓到？因为之前他有恃无恐，特别高调（当然也跟他平时自居正义有关）地呛连上长官，以为关不了他，可没想到对方忍受不了洪如此以下犯上，于是就以极高的效率当真把他给关起来了。这下子，洪被吓到，担心自己退不了伍，所以异常地认真、异常地配合。我们不客气地说：他是被自己吓死的，是被自己原先的有恃无恐（闽南话说“靠势”）崩溃之后给吓死了。如果从天道的角度来讲，事实就是如此。可是大家把问题无限延伸，甚至把军方讲到一无是处，好像军人一个个都是饭桶，一个个都存心致洪仲丘于死地似的。如此民粹、如此感情用事，最后毁掉的，就是整个军队。今天禁闭室里的戒护士，倘使失职，当然要处理；即使没有刑事责任，也要负一定程度的行政责任。可是不能因为洪仲丘之死，就把整个军队彻底地污名化。这样的“宋襄公之仁”，只会让我们不断地因小失大。

这样的因小失大，当然也包括教育。现在基层学校上课秩序的濒临崩溃，原因在哪？不就在于这一二十年来的因小失大吗？每回有某某老师的不当体罚，媒体总变成正义化身，视之如寇雠，穷追猛打，教育部也随即彻底严禁体罚，防师如防贼，最后，老师动辄得咎，只好消极自保，但求无事，至于教室管理，当然也就有心无力了。最后倒塌的，则是台湾教育的未来。类似的困境，其实不只是军队，也不只是学校，而是台湾社会整体的方方面面。我们如今要重拾古人的智慧，学会以“祥”或“不祥”的视角，跳出一时的得失与情感，台湾才有办法脱得了困。

回到刘邦。刘邦说道，对方既然已经投降，咱们又把人给杀了，这是不祥之事呀！大家记住了这话，回头再看看项羽，就能更清晰明白了。项羽后来垮掉的原因当然很多，其中之一，就是新安大坑杀。新安大坑杀的背景，我们先做个交代。大家知道，项羽毕生最重要的战役，是援救赵国的巨鹿之役，也就是“破釜沉舟”典故的来由。巨鹿之役的大胜，确立项羽的地位，也瓦解了秦军的士气。不久，秦上将军章邯约降，项羽接受投降后，就让二十几万的秦军前导，鼓行而西，往关中而去。大家知道，在战争时，最好的状况就是由投降的军队在前头开道。一来他们熟悉地理环境，二来也会产生心理上的震慑效果，就像后来清兵入关时由吴三桂前导一样，很容易就望风披靡。总而言之，当时二十几万的秦军在前头开着路，到了河南新安，秦军却开始军心动摇，项羽听闻，为了免除麻烦，索性当晚就把二十几万的秦军统统坑杀。一口气坑杀二十几万人，而且，都还是已经投降的，这当然是大大的不祥。

后来，刘邦与项羽在河南荥阳附近，有整整三四年的时间，双方相持不下。外表上，刘邦是屡战屡败，可败了之后，不多久却随即又重整旗鼓，东山再起。刘邦凭什么能屡挫屡起呢？关键就在于他的后援力量极大。他强大的后援力量来自：一、刘邦进关中后，尽得民心。关于这点，我们待会儿再讲。二、刘邦有个萧何。萧何留守关中时，打点得极安稳、极妥当，关中百姓都愿意近乎无穷尽地提供支持。除此之外，还有一点：关中人之所以无怨无悔地支持刘邦，其实是因为刘邦打项羽等于是帮他们报仇。报什么仇？第一，新安大坑杀。第二，项羽进了咸阳，屠城之后，又大火一烧，秦宫室烧了三个月还没灭。早先秦王子婴不是已然投降了吗？刘邦率先进城不也秋毫无犯吗？为啥项羽一来，便又屠城，又大火烧城了呢？

当然，如果站在另一个角度来看，项羽也可以说是在复仇。当年秦灭楚后，楚南公说道，六国被灭，楚最无辜，来日，“楚虽三户，亡秦必楚”。一方面是楚对秦的复仇之念最重，另一方面也是楚人的性格一向特别地激烈。大家都知道伍子胥，当年为了报父仇，投靠吴国，最后攻进郢都，就非得要开楚平王棺木然后鞭尸不可。若用一般的角度来看，报仇就报仇，至于如此吗？可在伍子胥的生命中，不如此做，就无以解心头之恨，活在世上也没啥意思了。楚人的性格有种决绝，事情一定要做到最极致。除了项羽、伍子胥之外，其实还有一个最典型的例子，就是屈原。楚人的诗人性格，使得他们的故事都特别可歌可泣，可是，如果以长久的角度来看，就觉得他们有时确实做得太过激烈，跟整个中国文明强调的不沾不滞、该放手就放手的态度，还是有一点距离。

对项羽而言，他与秦的仇恨不只是楚怀王入秦而不返，也不只是秦灭了楚，还包括他祖父项燕、叔叔项梁，都被秦将所杀，这既是国仇，也是家恨。在此仇恨之下，进咸阳后屠城，并不为过。但对秦人而言，前有新安大屠杀，后又有咸阳大屠城，此仇此恨，焉能不报？于是，后来刘邦与项羽的长期对抗，在秦人眼里，刘邦就不只是汉王，而是秦王，是帮秦地之人复仇的。从这个角度来看，才有办法解释清楚为何关中百姓愿意竭尽所能地为刘邦提供后援。否则，当时的征调兵员，老的、少的，通通都被拉了过去，为什么百姓不反弹？为什么民众不鼓噪？这其实牵涉到很多根本的情感问题。

我们继续看。因为刘邦觉得这样不祥，乃以秦王属吏，就把秦王交给负责的官吏，没杀他。遂西入咸阳，往西进了咸阳城。欲止宫休舍，刘邦本打算到宫里住，因为那么富丽、那么堂皇。刘邦是个世俗之人，本来就不是什么道德君子，看到宫阙巍峨、金银成堆、美女又如云，他比谁都动心。但问题关键是，刘邦的旁边，总会有人帮他踩踩刹车；更大的关键是，刘邦这时也多半愿意猛然踩住刹车。事实上，每个人都有其缺陷，刘邦也是如此。刚开始时，刘邦很动心，很想进皇宫过几天爽快的日子，“大丈夫当如此也”！可这时，樊哙、张良谏，一旁有人踩了刹车，头一个，是樊哙，其次才是张良。樊哙谏，不容易呀！如果张良开口，那很正常，因为张良是个出了名的明白人。可是，第一个开口的，却是粗人樊哙！大家都知道樊哙在鸿门宴的故事，那形象太生动了。他原来是从事屠宰业，杀狗的。在今天这时代，他似乎很没有正当性。可在唐代以前，狗就是家畜；猪、狗、牛、羊、鸡，就是这样，不必用我们现在的角度去臧否。

经樊哙、张良先后劝谏之后，乃封秦重宝财物府库，把所有秦宫室的宝贝器物通通弥封，全部不动。唯一动的是什么？是萧何把秦朝的律令、图书全部带走。这非常重要。后来萧何就是凭着这些律令、图书，奠下刘邦打天下的本钱，也确立日后汉朝建国的规模。好，除了这些东西之外，其余全部不动，还军霸上。召诸县父老豪桀曰：父老苦秦苛法久矣，诽谤者族，偶语者弃市。吾与诸侯约，先入关者王之，吾当王关中。与父老约，法三章耳。这就是有名的“约法三章”。刘邦跟父老、豪杰说：大家被秦朝严苛的法律虐待了这么久，秦法规定，毁谤朝廷者，要抄家灭族，偶语（就是用经书彼此对谈借以影射朝政）也要杀头。现在，我跟诸侯约定好了，谁先入关就成为关中之王，所以，我势必会成为秦王。如此一来，我现在就以秦王的身份跟大家约法三章。第一，杀人者死；第二，伤人抵罪；第三，窃盗也根据情节轻重来论罪。就这三条，余悉除去秦法，其他的就全部去除掉。

这里要留意一下。很多人因为这段文字，产生了误会，以为刘邦进关中之后，把秦的法律全部废掉，就只留这三条。因此，萧何日后治理关中，甚至刘邦统一天下后，就凭着“约法三章”来办事。这当然不可能。如果果真只剩这三条，天下不大乱才怪。刘邦那时说的，大家别太当真，某种程度而言，其实也就是随便说说。虽然是随便说说，但有没有效果？有，效果还挺大。为什么？因为对一般人而言，只要守这三条，差不多就够了。真要论细节，秦法到底有多少规定，谁知道啊？问萧何，萧何可能还清楚；可问刘邦，刘邦多半也是不清不楚的。大家知道，后来整个汉朝的法律，几乎都是沿袭秦朝的法律换言之，刘邦并没有废掉太多的秦法。可是他当时这么说，为什么又会有用呢？一方面是刘邦为人宽厚，他这么说，大家会信。另一方面，也是因为这三条跟大家最直接相关：杀人、伤人、盗，其余的，刘邦说都免了，大家在心理上是可以接受的，因为也没有太多人会去追究。反正，刘邦就是明白地说：诽谤者族，偶语者弃市，这些法律不要了，通通去掉。至于他真的去掉多少，其实没人知道，因为绝大部分的老百姓都不知道到底有多少法。

中国的社会，即使秦朝那样的重法，还是跟西方式的重法不是一回事。秦朝的重法是法律制定了，就一定要严格执行；令出必行，就是秦朝的重法。直到如今，新加坡还是这种重法的模式。可是，西方的重法又是什么？他们是把所有的人际关系都建立在契约的基础上，想办法将一切都条文化，所以，他们的法律一定要既清楚又详细，最好大家也都能明白所有的细节。但秦朝的重法并不希望有那么多百姓知道法，而百姓也确实不关心到底有哪些法。中国的社会，一向都是如此。大家回头去想，以前读中国历史，跟读西洋历史有一个非常大的差别。中国历史从黄帝尧舜夏商周讲到后来的宋元明清，讲完那么多册，我们从来没有读到中国哪一个朝代有什么法律，完全没有。可是，等后来读西洋史，从两河流域的《汉谟拉比法典》，到《十二铜表法》《查士丁尼法典》，再到《拿破仑法典》，如果再包括近代西方民主化之后的种种法案，简直就一大串。反观中国，历史上有没有法律？当然有啊！可是，我们的历史课本为什么从来不提？很简单，因为中国人一向不看重法律。中国的法律的最高境界，就是备而不用，至于老百姓，则是不知道最好。

在今天的教育现场里，有些人因受到西方的影响，觉得一定要让学生清楚所有的校规，常常在新生训练时，就想方设法要让学生把所有的校规通通给搞清楚。我觉得这很好笑。一个人闲着没事，会去研究校规的，通常的情况，大概就是想要去钻法律漏洞。他想知道在什么样的情况之下，干了哪些事情会触犯校规，会被记过。一般人其实不会去关心校规有哪些规定，反正，只要我好好上课、好好学习，不就得了？校规是不得已才用，法律也是一样。

了解这点，大家就能明白，为什么刘邦明明随便说个“约法三章”，大家却都信他。事实上，如果再仔细追究下去，就会发现，汉朝初年时的法律跟秦几乎一样，后来是慢慢才废一条，久久才修一条，差异基本很小。法律几乎一样，可汉朝初期的整个气象却与秦朝迥然有别。所以，重点是在于怎么执行、怎么看待法律。同样的法律，秦法如此严苛，汉朝初期却是一片宽厚的气象。这代表什么？这代表到了汉朝初期，法律更彻底地备而不用。这就像在家庭里，有个家规，但又能备而不用，这才是兴旺气象，对不对？

接着，我们再继续看。诸吏人皆案堵如故，所有的官吏一律照旧，通通不必更动，原来干啥就继续干啥。凡吾所以来，为父老除害，这回我来，是为了帮父老除害。这话，当然说得有点冠冕堂皇，可是大家听得进去，也听得踏实；因为，秦地百姓确实感觉如此。非有所侵暴，无恐。我没有侵暴的意思，大家别害怕。且吾所以还军霸上，待诸侯至而定约束耳。乃使人与秦吏行县乡邑告谕之。秦人大喜，于是，就派人偕同秦朝官吏一道去各个地方，把刘邦宣布的事项告诉百姓，秦地的百姓听了，一个个都开心欢喜。争持牛羊酒食，大家争先恐后地把牛、羊、酒、食物拿来奉献，献飨军士。沛公又让不受，曰：仓粟多，非乏，不欲费人。人又益喜，唯恐沛公不为秦王。到这里，刘邦这一生就立于不败之地了。别人拿牛羊酒食来献飨，沛公又让不受，曰：仓粟多，非乏。这当然是事实，可是这也要归功给萧何。萧何做后勤补给的工作，真是太厉害了。同时，刘邦这样的反应，后头肯定也有着张良等人的提醒。一支军队能做到如此秋毫无犯，关键当然不在于军队本身，一定是上头的人有着异常强大的意志，才有办法贯彻得了这样的军纪。历史上能做到如此秋毫无犯的，其实不多；近代最有名的一支，就是解放军。

国共内战，尤其一九四七到一九四九年，解放军几乎做到了秋毫无犯，很厉害。那时候常见的例子是，国民党军队一到了村庄，就开始拆百姓的门板，晚上拿来当床板睡；至于院子里的东西，鸡呀、鸭呀，也多难逃幸免。过几天，解放军来了，解放军就满村子“大叔”“大娘”地喊，亲热得像家人街坊似的，然后，解放军就开始帮忙装门板，开始修东西。老百姓有牛羊酒食要献飨，解放军也差不多就是说：不用，我们有。国军当时军纪之败坏，不论蒋介石再怎么三令五申，依然没用，可是当时的解放军却可以做到这个地步。古人说，“王者之师，有征无战”，解放军打到后来，就有这种味道，几乎连打都不打，敌人就望风披靡，凭借的正是解放军得民心，这影响太大了。毛泽东正因有此能耐，才打得了天下。解放军确实有这样的气象，后来国军大败，其实并不冤枉。国军当时相较于解放军，兵员多、武器好，可是压根就得不到民心。

刘邦和项羽后来的结果，也可以做类似的对比。所以刘邦入关这事，影响非常深远。正因为刘邦这样的秋毫无犯，后来关中百姓才会对他那么死心塌地，这非常重要。

接下来，我们跳到第五十七小页，其中省略的部分，就简单做个交代。刘邦进关中后，约法三章，秋毫无犯，使得秦地百姓“唯恐沛公不为秦王”，一个个，都希望刘邦成为秦王。不多久，项羽进关中，屠城，一把火把咸阳烧了，然后开始分封天下。分封不多久，因处理不当，有人不满，遂起兵造反。项羽也因为忌惮刘邦，不封关中，找个说辞，改封到汉中。刘邦虽然不满意，却只能郁郁地闷在汉中。这时，韩信分析形势，要他北伐关中，重回秦地。刘邦采纳了建议，果然在极短的时间内，就底定了关中。

就在此时，项羽正忙着平叛、攻打齐地，刘邦趁此机会，便率兵出关。出关时，项羽派人杀了义帝（原来命刘邦入关中的楚怀王），这一杀，恰恰给了刘邦最好的出兵理由。于是，刘邦号召诸侯讨伐项羽，为义帝复仇（义帝原是名义上的共主，项羽把他杀了，等于是以下弑上）。刘邦率领了五诸侯军，共五十六万人，浩浩荡荡，便攻进项羽的首都彭城（彭城就是现在的徐州）。一进彭城，刘邦得意忘形、原形毕露：他大吃大喝、“置酒高会”，然后金银财宝、醇酒美人，样样都来。正当刘邦痛痛快快时，项羽已率领几万人从齐地回击，一下子就大破刘邦联军。结果，刘邦的数十万军队，被项羽那几万人一路追杀，溃不成军。最后，幸好是上天帮了他大忙，刮起一阵超级大的沙尘暴，刘邦才九死一生，逃了出来。

刘邦回关中后，重整旗鼓，在后来数年间，便于今天的河南荥阳（郑州西边）附近与项羽长期拉锯。这地方靠近黄河，附近有一个敖仓。敖仓存粮甚多，有助于刘邦与项羽的长期对抗。在这楚汉相争的过程中，有几个比较经典的故事，我们必须看看。

看五十七小页第二行下面。楚汉久相持，未决，楚汉双方在荥阳附近相持了很久，无法决定胜负。丁壮苦军旅，老弱罢转饷，年轻力壮者在军旅中受尽苦楚，老弱残兵则是负责后勤支援，也深感疲惫。这时候，汉王跟项羽在广武那边有个对话，请大家翻到《项羽本纪》六十小页第三行，项王对汉王说：天下匈匈数岁者，天下这几年的汹汹不平，徒以吾两人耳，就只是因为我们两个人，那么，既然如此，我看咱们就别再连累无辜了！愿与汉王挑战决雌雄，毋徒苦天下之民父子为也。项羽跟刘邦提议：别因为咱们两个连累了天下那么多无辜者，现在最简单的方法，就干脆咱们两个单挑吧！呵呵！汉王闻听，又是怎么回应的呢？汉王笑谢曰，笑着婉拒，说道，吾宁斗智，不能斗力。我宁愿跟你斗智，可没那能耐跟你斗力呀！意思是：我单挑哪是你的对手呀？事实上，真要一对一单挑，岂止刘邦，普天之下，压根没人可以是项羽的对手。

项羽这个提议，蛮好玩的。打到后来，项羽其实也打不下去了。他虽然百战百胜，可却无以为继。一方面是罩不住诸侯，树敌过多，疲于奔命；另一方面也是后方空虚，少了一个萧何这样后勤支持的角色。所以，项羽才会讲出这么好笑的话：干脆，咱们单挑吧！结果，汉王不跟他单挑，反而在广武那边，数落了项羽十大罪状。现在我们翻回《高祖本纪》，看五十八小页，倒数第三行。刘邦数落了对方十条罪状之后，做了个总结：吾以义兵从诸侯、诛残贼，使刑余罪人击杀项羽，何苦乃与公挑战。我派些刑余罪人去击杀你就好了，又何必要直接跟你挑战?! 项羽大怒，伏弩射中汉王。项羽被激怒之后，就用伏弩射中了汉王。

下面三句，非常精彩：汉王伤匈，乃扪足曰：虏中吾指！这叫什么？这就叫作天才！当时项羽一射，射中了刘邦胸部；刘邦中箭后，当下抓住自己的脚，喊道：哎呀，项贼射到我的脚趾头！这样的举动，如果不是天才，是做不来的。不信，咱们射一次看看?! 哈哈！

这种瞬间的转化，是天才特有的反应，确实，我们都做不来，只能佩服他。而这种本领，压根也不是别人教的，绝对不是张良对他行前教育：万一被射中了胸部，赶紧就抓住脚趾；如果射中了头部，那就按住手指头……呵呵！不可能嘛！这绝对不是教出来的嘛！因此，我们只好说：刘老三这家伙，真是个天才！大家知道，他做这动作干吗？当然是为了安定军心。射中胸口是件多严重的事，可射中脚趾头，那就轻微多了，对不对？这是无法相提并论的。如果你又问，刘邦是怎么想到的？我想，在这样的状况下，刘邦其实是没思考，也没计算，压根就没有想不想得到的问题，基本就是个反射动作，直接就抓住了脚趾头。正因为不假思索，所以张良才会叹息说道：沛公殆天授！刘邦这家伙，乃上天所授，我们学不来的！

刘邦这一个反应，是他自己的天才之作；接下来，则是他与张良君臣二人的连手之作。汉王病创卧，张良强请汉王起行劳军，以安士卒。被射中了胸部，当然严重，得卧病在床，可张良不让他好好躺着，偏偏要他强忍剧痛，勉强起身，出去转一转，劳个军，再告诉大家：没事，伤个脚趾头，算什么！

接下来，楚汉相争数年后，垓下之围，刘邦把项羽灭了。个中过程，我们在《项羽本纪》会谈得比较详细，这儿就先搁着，直接跳到刘邦打下了天下，看六十五小页，第五行下面，高祖置酒雒阳南宫（天下底定后，刘邦开始是定都于洛阳），有一回，高祖在洛阳的南宫宴请诸侯将领，说道：列侯诸将无敢隐朕，皆言其情。各位诸侯、将领，你们甭瞒我，大家就老实说说：吾所以有天下者何？凭什么最后是我打下了天下？项氏之所以失天下者何？而项羽明明已然到手的天下，最后为什么又得而复失呢？

这真是个大哉问。后世之人，为了这个问题，已经讨论了整整两千多年；想来，当年刘邦这班人也时不时就拿起来聊聊。高起、王陵对曰：陛下慢而侮人，项羽仁而爱人。然陛下使人攻城略地，所降下者，因以予之，与天下同利也。项羽妒贤嫉能，有功者害之，贤者疑之，战胜而不予人功，得地而不予人利，此所以失天下也。将来我们读《淮阴侯列传》，也会看到韩信类似的讲法，说得还更精辟些。简单地说，就做人的礼貌而言，刘邦显然是糟糕透了；若用现在的话来说，刘邦实在是没什么“教养”。他的“慢而侮人”，是所有人的共识。大家都清楚，刘老三永远都随随便便，喜欢闹人、喜欢玩弄人，从来不把一般的世俗客套当一回事。至于项羽，那就完全不一样了。项羽贵族出身，显然有“教养”多了：他对人客气，很有礼貌，也很有爱心；部属受伤生病时，会亲自照顾，甚至照顾到自己眼泪都掉了下来，全然不似刘邦那样没血没泪。这是两人极大的对比。

但有意思的是，等到打天下时，任何人有了功劳，刘邦很阿莎力（很干脆、豪爽的意思。台湾地区多见），该给就给，该赏就赏，没啥可犹豫。刘邦光棍出身，什么东西都是生不带来，死不带去。有，就给；没，再说。没什么好纠结的。可是，项羽就不一样了。属下有功劳，该论功行赏，项羽这时便会考虑再三：他真有此能耐吗？他配得上这赏赐吗？项羽自己很行，所以总觉得别人不够行。后来韩信就说了，项羽明明已经答应封人为侯，印都刻好了，却会再三犹豫，边考虑边摩挲，结果把印章都摩得缺角了，还舍不得给人家。项羽的性格就是这样：一方面仁而爱人，一方面又啥都舍不得；打起仗来爆发力何等强大，可优柔寡断起来又是无与伦比。这看来是反差，但其实是一体两面。

高起、王陵这样的说法，当时是个常识，大家几乎都这么看。可是，刘邦觉得不仅仅如此：公知其一，未知其二。夫运筹策帷帐之中，决胜于千里之外，吾不如子房。镇国家，抚百姓，给馈饷，不绝粮道，吾不如萧何。连百万之军，战必胜，攻必取，吾不如韩信。此三者，皆人杰也，吾能用之，此吾所以取天下也。项羽有一范增，而不能用，此其所以为我擒也。这段话非常有名。这是刘邦的自我判断，他觉得最后之所以能赢项羽，关键正在于：他会用人。换句话说，刘邦自认为是个“将将之才”。无论就计谋、后勤、征战等能力而言，刘邦都比不上张良、萧何、韩信等人，可是，刘邦却有能耐用得了他们。这种“将将之才”，其实极难。因为，愈是将才，愈是难用。假使你自认为很有能耐，一旦用人，就很容易用自己的能力与标准去评断，这嫌一下，那嫌一会。问题是，真正的将才，岂能忍受如此地东嫌西嫌？最后的结果，必然是越自以为有能耐，就越只能用得了庸碌之才，根本不可能长时间重用得了真正的将才。

真正的“将将之才”，固然要有领袖气质（看起来就像个“老大”，别人愿为所用），但更重要的，则是要有“虚心”的能耐。这“虚心”，跟一般人所说的“谦虚”并不相同，说白了，就是即使自己真有本事，也能不当回事。他甚至能连自己的“虚心”也不当回事。这样的生命特质，就比儒者所强调的“谦虚”更豁达、更大气，也更能一眼可以看出谁有能力，更能真心地欣赏别人的好处。这样的人，才可能是“将将之才”。

一般有能力、有学识的人，可以成为将才，却很难成为“将将之才”。因为他们会在意自己的能力与学识。一旦在意，就会受其所执。一执，能力与学识就会反过来变成阻碍，阻碍他们如实地领略别人的好。在座各位都是有学识、有能力的人，当我们面对刘邦这种能抛开一切的厉害角色时，就可以观照到自己的某些不足。

接下来，高祖欲长都雒阳，齐人娄敬说，及留侯劝上入都关中，高祖是日驾，入都关中。刘邦本来想定都在洛阳，洛阳的好处，是有漕运、输粮之便，风土民情也没离沛县太远，另外，关中当时已然残破，若建都于此，得再大兴土木。可尽管如此，齐人娄敬与后来的张良仍先后从长远的角度，劝刘邦定都关中。刘邦一听，有道理，当天就决定启程，迁都关中。

同样是定都，当年项羽进了咸阳，有人也劝他要留在关中，但项羽的反应又是如何？他说打下了天下，就一定要回彭城；富贵不还乡，岂不等于是锦衣夜行吗？！事实上，刘邦想不想衣锦还乡？当然想呀！只不过，想，是一回事，可作为一个王者，就得割舍掉这种人之常情。但凡王者，该割舍就得割舍；如果割舍不了，格局就小，气象也没，最后就会误了大事。

再看八十小页第四行，这里就是刚刚说的，不管是谁，都会想衣锦还乡。尤其刘邦这把年纪，六十多岁了，对故乡的思念之情，肯定只会越来越深。底下这一段，就写得很清楚。这一回，是因为黥布（黥布与韩信、彭越并列汉初三大异姓王）造反，刘邦不得已，拖着病体，硬撑着御驾亲征；当黥布的主力被打垮后，高祖令别将追之，命令其他的将领追击，他自己则还归，过沛，在回长安的路上，顺道回了一趟沛县老家。留，置酒沛宫，就在沛宫（高祖在沛县的行宫）那边置酒。悉召故人父老子弟纵酒，发沛中儿得百二十人，教之歌。酒酣，高祖击筑，自为歌诗曰，刘邦击着筑，当场唱了一首歌，就是大家非常熟悉的《大风歌》：大风起兮云飞扬，威加海内兮归故乡，安得猛士兮守四方。

上次我在《中国时报》发表了那篇《消散迷失已久的魂魄，久违了！——我读〈史记〉》，后来接到席慕蓉老师的电话。席老师读了这篇文章，很感动，打算隔天在金石堂书店的诗歌朗诵会就朗诵刘邦这首《大风歌》。她觉得这首诗非常好。她说，这几年她主审许多文学奖的新诗奖项，几次都说道：为什么新诗得奖的作品，非得要写个四十行、六十行那么长？为什么不能写短一点就好？唐诗里那么多短诗，尤其刘邦的《大风歌》，也就这么三句，可气魄却如此之大。今天参赛者写了数十行，甚至上百行，却完全谈不上任何气魄。席老师这话说得好。事实上，刘邦有没有文学天分？大概没有吧！他只不过是勉强认识一些字而已。可是，就因为他的气魄大，你看，这诗多好！

然后，令儿皆和习之，命令那一百二十个小儿，皆和习之。下面这一段很感人。当这一百二十个小儿齐唱着《大风歌》，唱着唱着，高祖乃起舞，至于怎么起舞，现在我们不太能想象。因为中国人自宋代以后，开始变得不会跳舞。大家回想一下，现在的中国人其实是不知道怎么跳舞的，这跟宋、明之后整个中国文化的萎缩是有关系的。我一直好奇当时刘邦跳舞是怎么一个模样。慷慨伤怀，泣数行下。刘邦慷慨伤怀，不禁掉下了眼泪。谓沛父兄曰：游子悲故乡。吾虽都关中，万岁后，吾魂魄犹乐思沛。高祖对着沛县的父兄说：虽然人在关中，可是在百岁之后，他的魂魄依然会眷恋着沛县老乡呀！后面跳过，看倒数第四行：沛父兄诸母故人，日乐饮极欢，道旧故、为笑乐十余日，就这样畅怀痛饮、叙旧道故十几天后，高祖欲去，沛父兄固请留高祖。高祖曰：吾人众多，父兄不能给。我们人这么多，大家供应不了，再待下去，会吃垮掉的。乃去，于是就离开了。结果，才一离开，沛中空县，皆之邑西献，整个沛县为之一空，所有人都跟在高祖后头，往西而走（刘邦要往西回长安）。走了片晌，吃饭时间到了，沛县父老就又开始献牛、献羊、献酒食。高祖复留止，刘邦只好又停了下来，张饮三日（“张”就是“帐”），搭了帐篷，又在那边喝了三天，最后才回去。你说，他想不想回故乡？当然想，他不仅活着想，连死后都“魂魄犹乐思沛”呀！

最后看八十三小页最后一行。高祖击布时，为流矢所中，刘邦出兵攻打黥布时，被流箭射到，病情很严重，吕后迎良医，医入见。高祖问医，医曰：病可治。医生回说：这病可治。于是高祖嫚骂之，刘邦一听医生说病可治，就开始谩骂：吾以布衣提三尺剑取天下，此非天命乎？命乃在天，虽扁鹊何益。骂完之后，遂不使治病，赐金五十斤罢之。以前的医生没有医疗纠纷的问题，中医又深知“攻心为上”的原理，为提高患者信心，增添治疗效果，医生总会将治疗的把握说得高一些。有三分胜算，就说七分话；有七分可能，就告诉你没问题，放心好了。至于说“病可治”，就意味着病可试着治一治，但能否治得好，就没人知道了。这话的潜台词，是这病治不了了。刘邦一听，当然知道意思，所以就骂了一顿，可骂归骂，还是赐给大夫五十斤的黄金。大夫用心良苦嘛！

大夫的用心良苦，不仅刘邦听得出来，一旁的吕后也听明白了。于是，吕后问：陛下百岁后，萧相国即死，令谁代之？将来您去世后，等到萧何也死了，谁来接替他呢？刘邦说：曹参可。问其次，上曰：王陵可。然陵少戆，陈平可以助之。从这段看来，刘邦外表是个粗人，可心里头，还真是比谁都明白。底下一群人的斤两，他心里明镜似的。而后来的实际情况，几乎就跟他交代的完全一致。萧何死后，果真是曹参继位；曹参之后，则是王陵，但王陵戆（戆就是憨厚，就是闽南话说的“土直”），为人忠厚，个性老实，又有一点固执，这时，陈平可以帮帮他。但是，刘邦接着又说了句很妙的话：陈平智有余，然难以独任。

陈平没办法单独担当相国的大任。为什么？因为太聪明了。太聪明的人，就是不够厚重。一个人稍微笨一点，有时候是好事。笨，是看来笨拙，可心里面又很清楚。萧何跟曹参都有这个特质。相较起来，陈平聪明外露，比较缺乏宰相的厚重感。宰相调和鼎鼐，又要藏污纳垢，不能老跟别人针锋相对，也不能说话让人哑口无言。陈平聪明得不得了，可在刘邦的眼里却是得排到第三、第四以后，而且，还不能单独当宰相。这很有意思。

接着，刘邦又说：周勃重厚少文，然安刘氏者必勃也，可令为太尉。周勃很厚重，可是没什么文化，是彻彻底底的粗人一个，但是，“安刘氏者必勃也”，可以令他为太尉（太尉是最高的军事长官）。吕后复问其次，吕后又问道，再来呢？刘邦回说：此后亦非而所知也。再下来的事情，你也管不到了。你以为你还能活多久呀？

最后请大家看八十七小页最后一行，太史公曰，司马迁最后这个“太史公曰”讲得非常好。夏之政忠，忠之敝，小人以野，整个夏朝的政治，如果用一个字来概括，就是“忠”，质朴。大家都知道大禹治水，从大禹一开始，夏朝整体的格局就是质朴。但是，事物有利有弊，质朴固然好，但最后产生的流弊，就是“小人以野”。一般百姓过度质朴，缺乏收束，就容易变得粗野。故殷人承之以敬，所以商代建立之后，立国精神就转成了“敬”，把老百姓原先过度粗野的情形给收束起来。可是“敬”过了头，后来产生的弊病，就是小人以鬼，一般百姓会变得这也敬畏、那也敬畏，这也怕、那也怕，变成了迷信。然后，周人承之以文。过度迷信之后，周人开始强调人文的世界，结果，文之敝，小人以僿。这样的礼乐人文世界，一开始彬彬有礼，很好，但后遗症则是“僿”，变得虚伪，徒有“礼”的形式，可是骨子里都不是那回事了。这就是“僿”，只剩下一个躯壳，就像后来所说的“礼教杀人”。“礼”大家都会做，可是骨子里的性情没有了，就像《红楼梦》里的那班男人，因为是世家子弟，个个都知礼守礼，可是那些礼全都是假的。嘴巴里、外表上，统统到位，可骨子里，却完全不堪。周代后期也有类似的情况，因为强调人文、强调礼教久了，就容易有这样的后遗症，所以，救僿莫若以忠。这个“僿”怎么办呢？就是先打掉礼的外在形式，再重新回到质朴。三王之道若循环，终而复始，三代之间就有着如此终而复始的循环在。

周、秦之闲，可谓文敝矣。在周、秦之际，礼乐人文产生非常大的流弊，秦政不改，反酷刑法，秦没在这个地方调整，反而用了严刑酷法。岂不缪乎？故汉兴承敝易变，使人不倦，得天统矣。到了汉朝，针对礼乐人文的后遗症，重新回到了质朴；如此一来，人的生命状态有了转换，也符合天道运行的规律。

汉初最大的特质，就是质朴，刚刚我们看到刘邦所谈的萧何、曹参，尤其周勃的厚重少文、可堪大任，汉初就是一群这样子的人。看来没什么文化，但都很质朴，这就变成汉朝的家风。正因如此，后来即使鲁迅那么反传统的人，看到汉砖、汉瓦的大气与质朴，都不禁要心生佩服。

司马迁写“太史公曰”，有非常多不同的笔法。就像整篇的《高祖本纪》，司马迁从刘邦未起时一路写来，到起兵，到成就大事，再到安排后事，讲得这么清楚、这么详细，最后在“太史公曰”，却没有针对刘邦个人的是非成败来做评论，反而是谈一个新朝代该有的气象。这样的角度，不是个人的得失，而是天道兴衰的消息。这就是司马迁所说的“天人之际”。这如果用我们现在的话来讲，就是所谓的“历史哲学”；如果用中国传统的话来讲，就是掌握到整个历史的气运。司马迁从这个角度来做《高祖本纪》最后的论断，是站在一个非常高的历史高度。

同样的历史高度，其他人也谈得很有意思。譬如《吕太后本纪》，从吕后失去刘邦宠爱，继而把戚夫人变成了“人彘”，再进而整肃朝廷、大封诸吕为王，最后死后功臣反扑……整个《吕太后本纪》里，我们看到最多的权力倾轧与腥风血雨：她杀了谁，谁又反扑了。但最后的“太史公曰”，司马迁只字不谈这些。他只说：

孝惠皇帝、高后之时，黎民得离战国之苦，君臣俱欲休息乎无为，故惠帝垂拱，高后女主称制，政不出房户，天下晏然。刑罚罕用，罪人是希。民务稼穑，衣食滋殖。

他说孝惠皇帝和吕后的时代，能与民休息，无为而治。一般百姓得以脱离战国时代的苦痛，天下太平，没几个罪人，老百姓的生活迅速恢复，汉朝的元气就从此一步步恢复了。

这段“太史公曰”完全不谈吕后生前死后的权力关系，谈的是历史的另外一面。任何一个社会，粗粗分来：一个是显性世界，另一个是隐性世界。吕后时代的显性世界，就是那一连串的权力斗争，这也是大家习以为常的关注点。可在“太史公曰”，司马迁则又提醒大家一个更紧要的隐性世界的存在：当时天下太平，百姓富足，一个四百年的汉家天下已经开始打好了基础。如果我们看一个时代，能像太史公具有如此宏大的视角，慢慢就能明白什么叫作“天人之际”。

「答问」[1]

问：这门课所讲的天人之际，与一般的因果命定论，有什么样的不同？

答：中国人讲天人关系，通常不会说得太确切，中国的宗教因此也一向不太发达。中国人信神是在若有似无之间，一直到现在，民间多半仍像我父亲所说的：神要信，但也不能太信。因此，中国人一向相信有命，却不喜欢说“宿命”；大家相信因果，却也不习惯把因果讲得太绝对。

至于讲“天人之际”，则是既有“天”的因素，也有“人”的成分。如果单单强调天，人像个傀儡，啥都被安排好了，那就活得太没意思了。相反地，人如果为

---

① 答问环节是薛仁明在课堂上与学生的互动实录。

所欲为，以为人定胜天，意志可以决定一切，那当然也是人的狂妄。人只要过度狂妄，最后天就会灭人。在历史发展的过程中，人当然可以扮演一定的角色，可是对于更大的必然、更大的因果关系与更大的自然规律时，人就必须保持着敬畏。在自由与敬畏之间如何拿捏，就是这堂课所要谈的“天人之际”。

问：听说汉武帝读到《高祖本纪》时，气得把书摔在地上，觉得司马迁污辱了他的曾祖父刘邦，不知道是因为看到了哪些段落？

答：在《高祖本纪》里，会有引起如此反应的段落，但《项羽本纪》中，应该会更多一些。因为《高祖本纪》对刘邦的着墨，比较是“正统”的角度。可在《项羽本纪》中，更多是以项羽（或是一个旁观者）的视角来书写刘邦，就没那么多顾忌，反而写了更多容易引起争论的内容。但不管如何，在这两卷书里，的确记载了蛮多刘邦看来很无赖的事情，譬如我们后面会提的踹小孩与烹太公。这些事如果以一般的人情来看，显然都很难被接受。当然，随着深度与视角的不同，这事会有不同的体会与理解。但多数人看了，都还是会起反感的。所以，当时汉武帝看了想摔书，我觉得挺合理的。

尤其作为后代子孙，面对自己的祖先（而且还是高祖）被写得如此“不堪”，必然是“是可忍，孰不可忍”。至于到底是哪些段落引起汉武帝如此愤怒，我想，只要把这两卷书的内容读给大家听听，许多人一听就开始皱眉头的，大概就是这些段落。

第三堂课

今天开始读《项羽本纪》。先看第二小页。项籍者，下相人也，字羽。所谓项籍，籍是名，羽是字，现在大家都称呼他的字，喊他项羽。项羽是下相这边的人。关于下相，我们可以稍微提提。

大家看一下批注里的索隐，下相，县名，属临淮。案，应劭云："相，水名，出沛国，沛国有相县，其水下流，又因置县，故名下相也。"请大家看这个，是了解一下"下相"的大概位置。后面的考证写得更简要：下相，江苏徐州府宿迁县西。换言之，下相在徐州附近。

上回我们看刘邦，刘邦是沛县人；这回谈项羽，项羽是下相人。沛县位于徐州西北边，下相则在徐州的西南边。往后，我们陆续还会看到有一批关键人物，住的离此都不太远。他们住在哪里？都在淮河附近，也就是我们一般所说的南北界线。大家知道，现在即使交通发达了，大陆南方人与北方人的差异还是很明显的。我遇到一些朋友，彼此聊天，最后都还会问对方一句：你是南人还是北人？中国统一了几千年，可南北的差异至今仍然非常明显。这种差异，一是地理上，二是文化上。

淮水恰好就是在这南北交界上。在交界地带的人，常常兼得两边的特性，也常常分不清到底属于哪边。他们有时不南不北，有时似南又北，没那么稳定；可另一方面，他们比较有开创性，甚至，也比较有反骨。

这一条线，除了秦末这批造反打天下的人物之外，后来又出现过一个关键角色，那就是元朝末年的朱元璋，安徽凤阳人。不过，到了清朝末年，最重要的文化界线，就不再是南北差异，而是中西差异了。所以，清朝末年出这种人最多的地方在广东。大家知道，从乾隆开始，广州一口通商，广东就是中国唯一与西方来往的地方。所以，洪秀全为什么会起义？孙中山为什么会起事？因为，他们都是广东人，都是在文化交界地带激荡出来的人。这种交界地带的人，坏处是没有那么纯正，好处则是两边都看，眼界开阔，比较不容易被局限。

说到这里，台湾本来也可以扮演这种大开大阖、充满创造力的角色。在二十年以前，我们确实扮演过类似的角色，可惜，现在慢慢放弃，变成没有角色了。为什么？因为我们位于中西方交界，论根本，是中国文化；面对的，则是西方文化。但这些年来，我们却刻意忽视了中国文化。忽视中国文化，没了根本，就没有底气，又怎么开创得了未来呢？没根本，自然找不到着力点，难怪年轻人飘在空中，一个个只能“小确幸”。这么一来，上天给我们的地理优势，霎时就浪费掉了，这当然可惜。

回到正文。初起时，年二十四。这里的“年二十四”，跟刘邦对比，相差就大了。简单说，项羽是英雄出少年，至于刘邦，从来不是英雄，也没人觉得他是英雄。其季父项梁，他的叔叔是项梁。梁父即楚将项燕，项梁父亲项燕，就是战国末年为秦将王翦所戮者也。换言之，项燕也是很重要的楚将。项燕跟项羽到底是什么关系？有两个可能：一是叔公，另一是祖父，要看项梁是他亲叔叔还是堂叔，不过，这不算重要。总而言之，项氏世世为楚将，封于项，故姓项氏。这段有两个关键：一、项羽出现在历史舞台时，才二十四岁；二、他是世家子弟，出生在一个世代为将领的家族。这两点，跟刘邦当然完全不同。

项籍少时，学书不成，去学剑，又不成。学书就是读书认字，没学成；然后又学剑，也没成。项梁看他如此缺乏恒心，很生气，项羽回说：书足以记名姓而已，剑一人敌，不足学，这都没什么好学的。要学，就学万人敌。结果，项梁乃教籍兵法，兵法一教，籍大喜，可是，略知其意，又不肯竟学。这句话很重要。项羽后来打下了天下，可不多久，随即又得而复失，其中很重要的原因，就在于项羽是个没有谋略的人。他布阵蛮行的，可若要做长久的规划，就没能力了。换言之，项羽是个战术能力非常强的天才，但他却是一个没有战略的人。战略需要深谋远虑、长久打算，可项羽当初在学兵法的时候，略知其意，又不肯竟学，这就成了他日后的罩门。

看第四小页，项梁杀人，他叔叔杀人，与籍避仇于吴中。上回提过，秦法虽严，可其实还蛮疏的；所以有一票人杀人之后，避仇、跑路，似乎还挺容易。不仅跑路，大家有没有发现：项梁是个亡命之徒，竟然还在会稽郡守底下当个很重要的角色！哪像个通缉犯?！总之，项梁跟项羽到吴地避仇，吴地在江南，苏州附近，吴中贤士大夫皆出项梁下。每吴中有大繇役及丧，项梁常为主办。繇役，就是动员民众去进行公共工程；大的繇役，需要有强大的指挥调度能力。至于“丧”，则是一桩中国特色。因为，全世界鲜少有一个文明像中国那么重视丧事；尤其秦这样的时代，政府防百姓如此之严，成天担心大家没事聚一起；不管啥事情聚在一起，政府都禁止，但唯一不能禁的，就是丧事。结果，在这种高压的时代里，丧事就变成某些人聚众的最好机会。所以，当地所有的丧事，都由项梁主办。项梁把丧事变成了练兵的机会，不仅汇集所有的豪杰，也不断测试如何运用与调度，所以，阴以兵法部勒宾客及子弟，以是知其能。

后面这一段，之前讲过：秦始皇帝游会稽，渡浙江，梁与籍俱观。籍曰：彼可取而代也。这显示出项羽的霸气与爆发力。结果，梁掩其口，曰："毋妄言，族矣！"梁以此奇籍。就因"彼可取而代也"这句话，项梁从此对项羽刮目相看。

籍长八尺余，古代的八尺大概多长呢？中国的"尺"，每个时代的长度都不太一样，绝不可能是现在的一尺。现在的一尺是三十几厘米，如果八尺，那就比姚明还高了，当然不可能。秦代的尺，大概二十二厘米左右。八尺有余，加加乘乘，大概就是一百八十几厘米。至于刘邦，《史记》没写多高，因为肯定不高。项羽比较厉害的是，力能扛鼎，才气过人。重要的是下面那一句话：虽吴中子弟皆已惮籍矣。即使吴中的那些子弟，大家对项羽都会有所忌惮。"惮"，是一个关键词。前两回读《高祖本纪》，印象中，绝对没有任何人会"惮"刘邦。刘邦会让人嫌、让人厌，也可能会让人喜欢、让人没距离感，可是，他不会让别人怕。至于项羽，则会让别人怕。会让别人怕，就是与别人"有隔"。

讲到这点，我想到中国文明后来有个重要的转变：儒家与天下人的逐渐"有隔"。早先，孔子会不会与人"有隔"、让别人感到"惮"呢？基本不会。当时的人，似乎不太怕孔子；可能有人会批评他，也有人会喜欢他，但总的说来，大家都挺愿意跟他说说话。不管是正面反面，也不管是毁是誉，他总让人不觉得“有隔”。可到了后代儒者，尤其宋明理学之后，给人的形象总是“有隔”，让人觉得会“惮”。大家记得程伊川（程颐），程门立雪，对不对？说是“师道尊严”，但学生怕成这样，终究不太对！后来的读书人，多少都遗传了这个文化基因。大家过去对老师的印象，多少都还是有点怕。怕，不是坏事；可是如果怕多了，就会“有隔”。作为一个老师，能让学生尊敬，当然好；可尊敬过头，变成只有敬，无有亲，甚至变成“惮”，那问题就大了。

有“惮”，便容易与人隔阂；有隔阂，就难以成事。后来的“百无一用是书生”，多少是源于此。自孔子之后，儒者就不容易再看到那种可以和学生说说反话，让学生也吐吐嘈的人了，更别说像刘邦那种能瞬间与人融为一体的大本领。这些问题，都是从“惮”这个字眼所联想到的。

接着，秦二世元年七月，陈涉等起大泽中。其九月，会稽守通谓梁曰，项梁所住的会稽郡，郡守名曰“通”，对项梁说：江西皆反，这里的“江西”，说明一下：从江西省的九江开始，经安徽，再到南京的这一段长江，主要的流向，除了由西向东外，更多是由南往北。等过了南京，才又大致恢复大江东去的方向。因此，皖南、苏南、浙北这一片，如果从由西向东的长江来看，就叫“江南”；可从由南往北流的角度看，又可名曰“江东”。所以，江南跟江东，基本重叠。同样的道理，“江北”也可以叫“江西”。这里所说的“江西皆反”，其实，就是指长江以北。

会稽郡守说，江西都已经反了，此亦天亡秦之时也。吾闻，我听说，先即制人，后则为人所制。吾欲发兵，使公及桓楚将。郡守说要出兵，请项梁与桓楚为将。这时，桓楚亡在泽中。梁曰：桓楚亡，人莫知其处，独籍知之耳。桓楚的情况，有点像那时的刘邦，都正亡命着。只不过亡命时，刘邦往山上跑，桓楚则是向水边躲。毕竟，江南是水乡泽国，近水之处容易藏身。梁乃出诫籍，项梁就告诫项羽：持剑居外待，拿着剑外头候着。梁复入，项梁又进去了，对郡守说：您可以召项羽进来了，使受命召桓楚，让他受命去召回桓楚。郡守答应后，项羽进来，一下子，须臾，梁眴籍曰，使了一个眼色，对项羽说道：可行矣。底下是关键。于是，籍遂拔剑，斩守头。项羽在所有人来不及反应下，瞬间拔剑，就把郡守的头给斩了下来。项羽这种爆发力，史上少见。他的爆发力很像什么人？很像日本武士。也正因如此，日本人似乎对项羽普遍具有好感。项羽性格中某种决绝，某种宁为玉碎，不为瓦全，确实，都跟日本人比较接近。这很有意思。

项羽把郡守的头斩下来，项梁持守头，佩其印绶。门下大惊扰乱。这时，籍所击杀数十百人，项羽一口气杀了数十百人，也就是近百人。最后，一府中皆慑伏，莫敢起。这样的画面，只要稍稍想象，都能感觉到：哇，够吓人的！一下子杀了近百人，类似的事情，最后我们讲垓下之困项羽突围时，“下马步行，持短兵接战”，也是一口气“杀汉军数百人”。他这样的能力，几乎是举世无敌。

从此，项梁就带着项羽开始出兵。接着看第七小页倒数第五行。项梁乃以八千人渡江而西，后来大家说的八千江东子弟兵，就是从这而起。渡江而西，刚刚讲了，就是往江北而去。往江北之后，他们首先取得了东阳。之所以拿得下东阳，是因为有个关键人物，陈婴。于是，司马迁岔出去讲了陈婴。而陈婴的重点，却是他有个特殊的母亲。请翻到第八小页。陈婴本是东阳的公务员（吏），当时东阳一如中国各地，闻听陈胜起义之后，也响应，也起兵，也杀原来的郡守或县令。这时，东阳县的县令被杀，大家拱陈婴出来。拱他的原因，请看第一行，居县中，素信谨，称为长者。大家敬重他，视之为长者。东阳少年杀其令，相聚数千人，欲置长，无适用，乃请陈婴。婴谢不能，遂强立婴为长，最后必勉强陈婴为长。陈婴正犹豫之时，他老妈出来说了话。大家看第六行，陈母对陈婴言道：自从我当陈家的媳妇以来，未尝闻汝先古之有贵者，没听过你们家之前有显贵之人，今暴得大名，不祥。既然从无显贵之人，今天你却忽然要被立为王，如此暴得大名，是件不祥之事呀！

上回讲到刘邦入关时，已谈过"不祥"。这回，陈母说的是，"暴得大名，不祥"，换句话说，假使陈婴一如项羽那样的家世，别人拱立为王，这没问题。可是，陈婴世世代代压根没一个上得了台面的人，今天却一下子要被拱为王，这是暴得大名，乃不祥之事也。这种"不祥"的"暴得大名"，如果用我们现代人的角度来看，其实很多人是非常羡慕的，对不对？目前媒体最常出现的一个字眼，不就是"爆红"吗？

天底下，有两件大麻烦事：一是爆红，二是年少成名。刚刚没上课前，正强（案：这门课的上课学员）聊到，当年他曾去机场接过胡兰成先生；上回，李教授（案：亦是此门课学员）也提到，他在日本旅居时，曾见过胡先生两次，这很特殊。提了胡，自然又说到张爱玲。李教授说目前张爱玲在台湾很红，大陆更红。不过，对于张爱玲，我还是多一些保留。保留的原因，是因为看了张爱玲晚年的照片。大家知道，人过五十，就得替自己的相貌负责任。大家看看张爱玲晚年的照片，唉！人生该有的滋润与愉悦，似乎都没了。临死前她最后那张照片，像风干橘子皮一样，整个人是干枯、萎缩的，让人看了真是无限感慨。一个聪明绝顶之人，在怎么样的精神状态下，会把自己弄成那种境地？我想，首先是张爱玲那种强烈的个人主义，此外，多多少少，也跟她的太早成名有关系。

张爱玲最有名的那句"出名要趁早"，的确，早早成名，春风得意，岂不快哉！但是，这样的畅快，固可一时，却难长久。畅快之后，问题是：再来呢？能不患得患失吗？能心平气和地面对必然会有的起落吗？事实上，真要做到不患得患失，真能心平气和地面对起落，很难，通常得有一些生命经验的累积与锻炼。像我们这种年轻时压根没人理会的人，慢慢走到了四十来岁，开始有些起落，问题就不算大；反正，即使没人理会，我们也早习惯了。如此一来，心里才比较有办法不以物喜，不以己悲。但对于一个爆红或过早成名的人，要求他能够不以物喜，不以己悲，的确有很高的难度。所以，陈婴的母亲说"今暴得大名，不祥"，确实有种宏观与高度，很了不起。

接着，她又说道：不如有所属，不如找个依靠，事成可以封侯，事败也比较容易逃亡。为什么？非世所指名也，毕竟，不是首要目标嘛！这就叫“老二哲学”，别强出头！

这种“身未升腾思退步”（一步都还没踏出，就开始想着退路）的想法，是中国文明的特色。从坏处来讲，这似乎很难产生强大的爆发力。可好处呢？这样的思维，容易气息绵长，造就一个长寿的文明。相较而言，西方当然有爆发力，可今天上课前，我才刚看到《联合报》的头版头条：联合国提出正式报告，温室效应百分之九十五是人类的责任。早先一二十年前的中学课本提到：温室效应是人类所造；数年后，又改口温室效应是自然规律，与人类的作为没多大干系。这回，联合国总算说了公道话。（当然，所谓“百分之九十五”，只是个估算数字，不必太计较。）真正的问题在于，西方工业革命至今，不过两百多年，如果真要算全球（尤其中国）卷入，更不到百年。就在这短短百年中，世界变迁如此之大，真要论爆发力，不可不谓惊人；可是，真要说毁灭力，也不可不谓恐怖。如此倏然而兴，眼看又要倏然而亡，看着看着，不禁令人感慨：现今西方文明所主导的世界，与当年项羽的命运，竟是如此接近！项羽二十四岁成名，数年之后，便号令天下、海内独尊，可谓极一时之雄也！但是，也不过四年，随即兵败垓下、乌江自刎，一切都玩完了。

所以，中西根本的差异，可能比大家想象的还复杂许多。当然，现在是西方中心，他们是老大，我们也不得不承认。但从另外一个角度来看，中国现代化之所以曲折缓慢，就某种程度而言，其实是中国文明集体潜意识对这件事的迟疑与顾虑。清末以来，大家都说中国文化颟顸陈腐，以至于没办法像日本明治维新一般，啪的一下，就走上现代化。中国从自强运动算起，走了百余年，直到邓小平改革开放，现代化的步伐才真正“义无反顾”地大步跨了出去。这一百多年的迟疑，纯粹是中国文化的颟顸吗？我想，事情没那么简单。真正踩了这一步，是福是祸？是吉是凶？其实没人知道。从外表看来，改革开放三十几年来，超英赶美，成就惊人，吓得美国整天想着要如何围堵中国。大家知道，二十一世纪是中国人的世纪，这已经确定了。但即便如此，参照今天联合国的报告，若依目前的速度，八十年后，台北跟上海都会被海水淹没。城市淹没，可能还不是最严重的，未来气候会有多剧烈的变化，谁能准确预测？短短一百年内，全球的物种已经消失了那么多，到底还有多少将会继续消失？现代化的成败得失，如果从陈母那种天道的角度来看，就会发现现代人看事情都太单一视角了。就某种程度而言，上天还是很公平的（或者说，还是有必然、无可回避的自然规律），人类不断强调舒适、方便，不断夸大欲望、享乐，到头来，仍得要自作自受，付出该付的代价。中国文明能够几千年保持相对平衡的状态，某种程度，是跟陈母这样的天道观直接相关的。

好，就因为这番话，所以陈婴不敢为王，把东阳交给了项梁。再看第十小页倒数第二行。范增，年七十，素居家，好奇计，范增是项梁、项羽叔侄最重要的谋臣，七十岁了，都还没出山。往说项梁曰：陈胜败固当，陈胜后来的失败，是理所当然，没啥好说的。为什么？他说：夫秦灭六国，楚最无罪。秦灭掉六国时，楚国最无辜。自楚怀王被诱入秦，有去无回之后，楚人怜之至今。故楚南公曰，所以，有一个长于阴阳的楚南公说过：楚虽三户，亡秦必楚也。“三户”真要解释，众说纷纭，很复杂，这就不管了，反正，最后能够灭得了秦的，肯定是楚。个中关键，就在于楚人特别浓烈、特别决绝的情绪。被秦所灭后，楚人复仇的念头最强悍，意志也最强大，他们宁为玉碎，不为瓦全，一切都要干到底。这种情绪，其实比较接近日本人的性格，有点像樱花美学，反倒跟典型的中国人性格有点距离。

中国人的性格，第一是不喜欢抽象思考，第二是不容易被情绪绑住。所以，才会出现刘邦这种可以瞬间解脱的人。至于不喜抽象思考，前阵子我倒是读到一个例子。清末有许多传教士来到中国，他们不像利玛窦深知中国人情性，所以，老是用原有的西方思维来传教。因此有传教士见到中国农民，就问道：你有没有思考过人活着的意义是什么呀？这种“生命的意义”“活着的意义”，本是典型的西方式思维。结果，农民的反应多好！他们说：你神经病啊?！不好好活着，问那么多？不然，你死给我看呀！对农民而言，活着的当下，就是意义，压根不存在意义不意义的问题。这样的思维方式，可以对照孔子讲的“未知生，焉知死”，也可以对照刘邦只要色身保住了，其他一切好说，他们都重视当下性，也都具体而务实，所以不容易有太多情绪的执念。

回到范增。范增强调陈胜之所以无法成事，就是因为不立楚后而自立。在秦代末年，楚国被灭也不过十来年，情感上，楚人一直都还思念着故主。陈胜不立楚后，反倒自立局面，就缺乏了正当性。所以，范增建议项梁立楚王之后。项梁一听，觉得在理，就去民间找到了当时帮人牧羊的楚怀王之孙（名叫“心”）。立以为楚怀王，从民所望也。这位楚怀王，从此变成项梁的领导者，随着项梁、项羽力量的不断扩大，也慢慢成为诸侯中名义上的共主。这样的共主，跟项梁，尤其后来跟项羽的关系，当然容易紧张。一开始，项梁叔侄非得把楚怀王这神主牌高高捧起，可是，等到何时才能将这神主牌拿掉？届时，又要怎么拿掉？其实，这都是非常棘手的事情。不幸的是，项羽有勇无谋，后来用了最粗暴的方法将神主牌砸掉。项羽的覆亡，原因之一，就在于对楚怀王的问题处理得一塌糊涂。之前我们讲过，刘邦从关中出兵，一开始的正当性就建立在要替楚怀王报仇。他们二人，一得一失，楚怀王就成了一大关键。

立了怀王之后，项梁屡战屡胜，于是心生骄慢，在后来的一次战役中，为秦所败，结果战死。项梁死后，楚怀王任命宋义为上将军，大家看到第十七小页第一行，王，就是楚怀王，召宋义与计事，跟他一块商量事情，而大说之，因置以为上将军，因此就任命宋义为上将军。至于项羽，则为鲁公，鲁公是爵位，为次将，职位是次将。至于范增，则是末将。然后，救赵。当时，赵国被秦军包围，楚怀王派他们三个去救赵国。诸别将皆属宋义，号为卿子冠军。除了项羽和范增之外，其余将领通通归属宋义，宋义则号称“卿子冠军”。这时，项羽对于宋义的“空降”卡位，显然不服。尤其在援赵的战略上，双方更爆发了激烈冲突。宋义的想法是，赵、秦决战，楚只要作壁上观，就能坐收渔利，因此主张不必立即出兵援赵。项羽则要求马上救赵灭秦，一来，叔父项梁刚死，他要报仇；

二来，坐收其利这种事，他做不来，也不屑做。

再看十八小页第六行。两边争论到后来，宋义就对项羽说：夫被坚执锐，义不如公；实际上要披坚执锐（也就是冲锋陷阵），我当然比不上你；可是，真要论战略，坐而运策，公不如义，你还得乖乖听我的！因下令军中曰，因此宋义下了一道命令：猛如虎，很如羊，贪如狼，强不可使者，皆斩之。凶猛得跟老虎一样，至于“很如羊”的“很”字，不是凶狠的“狠”（因为没有羊是很凶狠的），而是偏执、执拗。“很如羊”，就是跟羊一样拗。不知道在座有没有跟羊打过交道的，譬如小时候曾经放羊，跟楚怀王同样经历的？羊有种性格，愈是拉它，它就愈不走；愈使劲牵它，它就愈往另一边，甚至，还会往后走。这叫“很如羊”，也就是脾气非常拗。宋义讲的，当然是项羽。说项羽“猛如虎，很如羊”，接着又说“贪如狼”，最后结论是：“强不可使者，皆斩之”。说完这话，等于正式翻脸了。既然翻脸，项羽又怎么可能俯首称是、乖乖听话呢？于是，宋上将军，咱们等着瞧！

所以，十九小页倒数第三行，项羽晨朝上将军宋义，项羽清晨朝会上将军宋义。即其帐中，进了上将军的营帐，二话不说，斩宋义头。他是次将，一进帐中，直接就把上将军的头斩了下来，这几乎就是早先他斩会稽郡守的翻版。出令军中曰：宋义与齐谋反楚，楚王阴令羽诛之。这当然是胡说八道，可重点是，当是时，诸将皆慑服，莫敢枝梧。这时与斩会稽郡守的情况，就大不相同了。那回底下的众人，全是郡守人马，项羽也还不算什么角色，所以斩了郡守之后，大家一来不服，二来也没心理准备，项羽还得连续斩了近百人，才把情势给压下来。可这回不一样，他斩了宋义的头，所有的将领立刻慑服，没人有意见。为什么？到了这晌，谁不清楚项羽的分量？!

看二十小页倒数第四行，项王已杀卿子冠军，威震楚国，名闻诸侯，于是派遣了当阳君、蒲将军，将卒二万渡河，救巨鹿；率领两万士卒，渡河援救受围于巨鹿的赵军。这是项羽一生最重要的代表作：巨鹿之役。结果，当阳君等人战少利，没获胜，赵国的陈余复请兵，项羽乃悉引兵渡河，项羽决定豁出去，率领所有的军队渡河，皆沉船，破釜甑，烧庐舍，这就是大家熟悉的"破釜沉舟"。持三日粮，以示士卒必死，无一还心，结果，一到巨鹿，至则围王离，就围了秦将王离，与秦军遇，九战，绝其甬道，大破之。经过九次会战，斩断了秦军甬道。（打仗时，粮草是关键。当时怕粮草被劫，在粮仓与军营间会筑有两侧高墙的甬道。）项羽切断秦甬道，绝粮草，于是大破秦军。杀苏角，虏王离。涉闲不降楚，自烧杀。除了苏角被杀、王离被掳，还有一个秦将涉闲不愿降楚，“自烧杀”，干脆自焚。

当是时，楚兵冠诸侯。诸侯军救巨鹿下者十余壁，莫敢纵兵。换句话说，当时救赵国的军队，除了楚怀王，各地诸侯也都纷纷驰援；类似宋义想法的人，却也比比皆是。大家都打着类似的算盘，想渔翁得利，不敢撄秦军之锋，所以都作壁上观，莫敢纵兵。等到楚击秦，诸将皆从壁上观。大家一看，吓：楚战士“无不”一以当十，楚兵呼声动天，诸侯军“无不”人人惴恐。于是已破秦军，项羽召见诸侯将，入辕门，“无不”膝行而前，莫敢仰视。在这里，司马迁连用了三个“无不”，一口气读去，项羽威风八面、不可一世，全部跃然纸上。当然，连续三次，会累积力道；可再用第四次，就可能变成了啰唆。大家知道，“三”是中国人的重要讲究。中国人首先说，无三不成礼；可随即又说，事不过三。当初刘备三顾茅庐，如果第三次不成，刘备大概就不会再去第四次了；否则，自己像个强迫症似的。同时，诸葛亮也得等刘备来个三趟，没三趟，似乎也测试不出对方的诚意。如果刘备诚意不够，诸葛亮出山，也是白搭。“三”的拿捏，后来成了中国的潜规则。连历代皇帝篡位，以禅让为名，都还得假意推辞三次。老子说：“道生一，一生二，二生三，三生万物。”大概就透露出“三”这个数字的特殊能量。

太史公这里连用了三个“无不”，力透纸背呀！尤其最后，所有的诸侯、将领进入辕门，无不膝行而前，什么叫“膝行而前”？跪着爬进来。（这回可真吓着了！）“莫敢仰视”，通通低着头，大气不敢喘一个！项羽由是始为诸侯上将军，诸侯皆属焉。经此一役，项羽的时代开始了。巨鹿之役如此惊天动地，诸侯军刚好都作壁上观，近距离看到楚军如何冲杀、如何一以当十、如何呼声震天，因此，视觉、听觉、心理的所有震慑力量，就特别地强大。

这一震慑，也彻底摧毁秦军的战斗意志，于是，二十五小页第一行，章邯见项羽而流涕。章邯是秦的上将军，经巨鹿之役，秦军动摇，章邯进退两难，打也不是，退也不是，最后，就跟项羽相约投降。项羽也因粮草不继，遂决定接受章邯的投降。于是，章邯见项羽而流涕，哭诉赵高如何作孽、如何逼迫他。项羽乃立章邯为雍王，“雍”在关中。置楚军中，就把章邯放置楚军之中，就近看管，因为不放心，不可能让他实际率领秦军，所以改派司马欣为上将军，将秦军为前行，让秦军在前头开道。

后来，到了新安，因秦军士气动摇，兵卒间耳语不断，结果……倒数第三行，项羽乃召黥布、蒲将军计曰：秦吏卒尚众，其心不服，至关中不听，事必危。不如击杀之，而独与章邯、长史欣、都尉翳入秦。除了留下章邯、司马欣、董翳三个将领之外，其余，就全杀了。于是楚军夜击，坑秦卒二十余万人新安城南。一夜之间，二十几万人就在新安城南全部坑杀。这样的坑杀，从战国时代开启风气，当年秦军不也坑了赵国数十万人吗？可是，之前的坑杀，是把对方打垮了，继而坑杀；而新安这回，却是对方已然投降，一切谈好了，再回过头翻脸不认账，把对方全坑杀了，这问题就非常严重。如果用刘邦在关中所说的话，这就是"不祥"，而且是极度的"不祥"。当年孟子说，"不嗜杀人者能一之"，这句话还是有道理的。"不嗜杀人"，不是不杀人，而是不能"嗜杀"，不能一杀起来就踩不住刹车。打天下时，若完全不杀人，那是不可能之事。可要怎样节制、怎么不该杀就绝对不轻易杀？这变成是天下最后归属的一大关键。对照于刘邦的不嗜杀，甚至做到秋毫无犯，项羽则是压根不关心这问题。

项羽坑完秦军，离开新安，进了关中，接着就是有名的鸿门宴了。鸿门宴的背景是：刘邦先进关中，因听信谗言，以为只要紧守函谷关，不让诸侯进来，就可以稳当地成为秦王。结果，项羽一到函谷关，进不了，当下大怒。这时，刘邦有个手下，名唤曹无伤，跑去跟项羽说道：沛公欲王关中，使子婴为相，珍宝尽有之。项羽一听，非常抓狂，决定隔天就歼灭刘邦。当时双方的实力悬殊，刘邦显然不是对手，所以，隔天一清早，刘邦就赶赴项羽所在的鸿门认错说明。

当是时，项羽兵四十万，在新丰鸿门；沛公兵十万，在霸上。这里有一个小细节，可以留意，还蛮有趣的。请翻回《高祖本纪》第三十七小页倒数第二行。是时，项羽兵四十万，号百万。沛公兵十万，号二十万。力不敌。回头看《高祖本纪》这段，是为了让大家知道“行情”。除了这里项、刘二人的虚实之外，大家知道，后来赤壁之战曹军三十万，也是号称百万。所以，一般“行情”，大概就是两倍到三点五倍之间。记得，上回台北有次游行，我看隔天报纸的头版标题，说参加人数二十万，当时，我回头跟内人说，实际参加的，大概也就六七万人吧！结果，看了报纸内文，根据警方估计，果然就约有六万人。警方的数字，一般比较准确；至于主办单位，肯定会“号称”。只不过，同样“号称”，还得看谁在“号称”。有些人膨风（台湾俚语，吹牛之意）得厉害，譬如曹操就从三十万变成了一百万，三点三倍。（当然，百万也是取其整数。）以后大家再看到“号称多少万”“今天多少人走上街头”类似说法，大略除以二到除以三，可能就是实际人数。这算是个潜规则，蛮有趣的。

再翻回来，《项羽本纪》二十七小页第三行，范增说项羽曰，沛公居山东时，这里的“山东”，和我们今天的用法不太一样。以前讲“山东”，指的是崤山（或华山）以东，范围和“关东”（函谷关以东）比较接近，大概包括今天的河南、河北中南部、山东，也包括江苏、安徽北部。这个大范围，都是“山东”。贪于财货，好美姬。今入关，财物无所取，妇女无所幸。此其志不在小。上回讲过，刘邦刚进关中，本来也想“取财物”“幸妇女”，只因身旁先有个樊哙，后有个张良，猛然踩住了刹车。这时，范增看这番反常的举动，便知刘老三有着更长远的打算，其志不在小。于是接着说：吾令人望其气，皆为龙虎，成五采，此天子气也。急击勿失。范增曾经派人去望了刘邦的气。关于望气，我成都有个朋友，在大陆诗人中，地位挺高，前几年我和他见面，他就说他会望气。当然，到底怎么个望法，我也没细问。不过，范增这里所讲，显然有其根据，他肯定不需要造个假来忽悠项羽。他说刘邦之气是“龙虎，成五采”，那是天子之气，所以要项羽赶紧下手，“急击勿失”，因此才有紧接着鸿门宴的故事。鸿门宴的故事，当然非常精彩，可是大家以前读过，这次我们也没时间讲，大家就自己看吧！

直接看三十五小页。鸿门宴到了最后，项羽没杀刘邦，范增当然很生气。从这件事情也看得出来，一到关键时刻，项羽惊人的爆发力就突然消失不见，会变得异常优柔寡断。这和刘邦平日的吊儿郎当，在关键时刻却有着令人叹服的决断力，看起很矛盾，但其实也都是同一回事。这页的倒数第四行，后来项羽引兵西屠咸阳，杀秦降王子婴，烧秦宫室，火三月不灭。收其货宝妇女而东。项羽进咸阳的举措，是除了新安大坑杀之外，另一个丢失天下的大关键。一进咸阳，他先是屠城，后杀子婴，又大火一烧，将秦宫室连烧三月都烧不尽，然后，搜括货宝、妇女，掉头回“山东”家乡了。接着，人或说项王曰：关中阻山河四塞，地肥饶，可都以霸。当时有类似看法的，其实蛮多；大家都知道，真要定都，关中还是当然的首选。项羽也不是不明白这理，但那时有两个考虑，第一，见秦宫皆以烧残破，都被他烧光了，如果还要定都于此，又得重建，旷日费时呀！第二，也是最重要的，他心怀思欲东归，曰：富贵不归故乡，如衣绣夜行，谁知之者？一听项羽如此回应，说者便撂了一句话：人言，楚人沐猴而冠耳。果然。人家都说，楚人是沐猴而冠，看来，果真如此！沐猴就是猕猴，猕猴躁动，一戴着顶冠，肯定没半点安稳。不信，你们找只猕猴，让它戴冠试试看！这人说罢，项王闻之，烹说者。项羽很会坑人，也很会烹人。他平常待人很好，常嘘寒，常问暖，部属生病，甚至还会亲自照顾。可一发起脾气来，坑呀、烹呀，种种大家做不来的事，他都可以瞬间做得很彻底。这其中的反差，也很有意思。

更有意思的是，底下有个愚按，愚按就是《史记会注考证》的作者泷川龟太郎说：项羽楚人，既失其祖，又失其季父，怨秦入骨。其入咸阳，犹伍子胥入郢，杀王、屠民、烧宫殿，以快其心者，亦不足异。谓之无深谋远虑可也。龟太郎的说法是，项羽因为要报祖父与叔父之仇，恨秦入骨。他进咸阳，好比当年伍子胥进郢都，该杀的杀，该烧的烧，以快其心，这都没有啥好奇怪的。如果要批评项羽“无深谋远虑”，这没问题。可是，谓之残虐非道者，但若是指责项羽“残虐非道”，那么，就只能说是未解重瞳子心事了。

重瞳子就是项羽（这卷卷末的“太史公曰”里说，项羽跟舜一样，眼睛都是重瞳，有两个瞳孔）。龟太郎言道，如果指责项羽进咸阳屠城是暴虐无道，那就太不了解项羽心事了！他这说法很有意思。再看考证，高祖纪云，《高祖本纪》里面说：“高祖过沛，置酒起舞，慷慨伤怀，泣数行下，谓沛父兄曰，游子悲故乡，吾虽都关中，万岁后吾魂魄犹乐思沛。”这段之前我们讲过，重点是后面龟太郎又说了一段话："此与项羽心事全同，世与彼而不与是，何耶？"按龟太郎看来，《高祖本纪》写刘邦这段事，其实与项羽的心事一模一样。为什么世人肯定了刘邦，却又否定项羽呢？这不是很奇怪吗？

龟太郎这段话，给我们一个绝佳的例证：日本学者的好处，就是擅长做资料性的细节工夫，但他们做中国学问，总会遇到一个致命伤。什么致命伤？他们只要遇到关键点，只要碰到中国人的根底性格，永远就只能隔着墙壁说话，永远搔不到痒处。

以日本人的眼光看来，既然肯定刘邦的"游子悲故乡"，为什么又否定项羽要衣锦还乡呢？可在我们看来，这难道不是两回事吗？！刘邦刚打下天下，他想不想回沛县？当然想。可是，他知道时机未到，不是想回就能回。因此，他一直等到打完黥布回返长安的路上（同时，也自知来日无多），才顺道回了朝思暮想的沛县故里。除此之外，回乡是一码事，定都则是另一码事。从头到尾，他不管是一开始建都洛阳，或是后来迁都关中，压根就没打算定都于沛县附近的彭城。项羽把这两件事硬扯一起，对中国人而言，只能说他在政治上太过"幼稚""不识大体"。至于龟太郎之所以会有这么"奇怪"的论断，关键原因，就在于日本人对于项羽的强烈认同感。刚刚讲过，日本人非常能欣赏项羽这种极具爆发力，宁可玉碎，不为瓦全的悲剧英雄。相反地，他们对于刘邦这种人完全没办法接受，甚至，还会非常厌恶：怎么有这种无赖？!

从这个地方，我们可以切进一个大问题。刚刚周教授（案：也是这门课的学员）送我一本书，谈中西文化的差异。事实上，且不说中西文化差异如此之大，即便日本，就外表而言，一来与中国离得如此之近，二来又那么长时间地移植中国文化，可直至如今，日本与中国的文化差异还是非常大。说到底，那是牵涉到文化基因的问题。日本从魏晋南北朝开始学习中国文化，到了隋代，学习规模变大；紧接着唐代，就不用说了；直至宋代，其实都还大量引进中国文化。大家去日本，总会说看到了唐代的中国，这话当然没错。但日本现有的中国文化精神样貌，更多的，还是宋朝的调性，尤其南宋。为什么？因为南宋的东西对日本人而言，接受度最高。日本人学唐代，更多是“形”；学南宋，则学得到了“神”。南宋定都杭州，整个政治、经济、文化中心的江南，与日本不只气候接近，甚至连情感、美学都非常接近。倘使要接榫，其实比以北方文化为主体的唐代相对容易多了。

记得大陆有一回举办京剧与昆曲的国际票友大赛，

参加者包括了世界各地的外国人。比赛的结果，非常有趣。昆曲这组，从第一名到第三名，全部都由日本票友所囊括；至于京剧，前三名则压根没半个日本人。这意味着，日本人京剧学不太来，昆曲却很容易上手。为什么？因为昆曲是江南文化的产物，对日本人而言，要接受江南那种温婉华美而略带感伤的美学，非常容易。反之，日本人面对京剧那种更多北方亮烈的剧种，本能地就会感觉到隔阂。

换句话说，日本人学习中国文化，一向都是有选择性的。（准确地讲，任何民族吸收外来文化，也必然都是有选择性的。）远自魏晋南北朝以来，日本长期移植中国文化，外表看来，似乎把中国文化最核心的儒释道三家全数输入了，可输入了这么久，儒释道三家有没有全部学进去呢？没有。认真说来，他们只学进了两家，儒家跟佛家；至于道家，并没学进去。为什么？很简单，因为道家是中国最根底的东西；中国人从骨子里说，其实就是黄老。黄老是中国人的根底，越根底的东西，别人就越学不来。

那么，日本人又为什么可以学得了儒家呢？简单说，日本是一个非常强烈的女性文明，对于秩序、规矩，都可以学得很好，对于儒家的“礼”，更是别有会心。一般而言，女人比较不习惯抽象思考，喜欢具象的东西；“礼”之为物，可操作，很具体，日本人学起来得心应手。正因如此，当现在的中国快退化成一个“蛮夷之邦”之时，日本人却依然可以把礼仪保存得那么好，这跟他们的民族性大有关系。

至于佛教，佛教的教下诸宗，尤其净土宗，其实和儒家有点相像，都比较规矩、按部就班。只要有条有理、按部就班的东西，日本人都可以学得很好。可除此之外，日本人对于禅宗那个“破”的部分，也很有能力掌握。这一部分，是因为日本人的另一种性格。日本人，尤其日本男人，可以破，可以有瞬间的爆发力，这种特性，可以把禅宗的某些大雄气魄学得非常到位。

可是，日本人对于道家式的无可无不可，就完全没辙了。要么，可，学儒家；要么，不可，学禅宗。道家那种无可无不可，叫日本人学，还真是怎么都难以接受。所以，即使经过那么长时间的输入，道家在日本的影响，还是非常不清晰。任何人学别人的东西，到最后，都必然是自觉或不自觉地根据自身条件进行拣择，很难真正把别人骨子里的东西给学进去。再举个例子，书法。大家知道日本人喜欢书法，尤其对于王羲之的字特别有好感，一来是王字看来秀气，二来也是比较有个准则法度，日本人就可以学得有模有样。相反地，日本人学魏碑那种比较阳刚的字，就常常学不来，最后反而把阳刚变成了粗暴。至于日本最擅长的书法，其实是他们根据自身特色发展出来的“假名（片假名、平假名）书法”。日本人写假名书法，可以写到“气若游丝”，有点像《牡丹亭》《游园》一折杜丽娘所唱的“袅晴丝”，有一种不堪摧折之美。那就是日本人，也就是樱花那样的美。这种假名书法，是日本人的独绝，真让中国人学，其实也学不太来。反之，日本人那么佩服中国的书法，可是有某些字他们一直就学不来。譬如很有名的《石门铭》，仙家之字，日本人就压根学不来。那种字是内有规矩，但外表又把规矩放掉。这种若有似无、无可无不可的状态，日本人就完全没辙。所以，日本人对于刘邦，一方面是讨厌，另一方面也是头痛。说白了，那根本是他们理解范围外的人。但对于项羽，他们就非常能欣赏，很能够感同身受，所以龟太郎才会连咸阳大屠杀都说得如此头头是道，同样的逻辑，就难怪他们连南京大屠杀也可以振振有词。这是日本人看事情很独特的角度。这角度，好坏不论，但至少我们要知道独特性在哪里。

活在这个标榜全球化的时代里，我们容易有个盲点：就是过度强调大家的相同之处，却忽略了彼此之间其实还有很多的不同。忽略这些不同，说白了，就是让我们搞不清楚自己，也处理不好彼此的关系。事实上，许多的关键点，即使看来和我们文化很接近的日本，都存在着那么大的差异。我读《史记会注考证》龟太郎的议论，总觉得有趣。龟太郎只要遇到比较典型的黄老之徒，评论就会怎么看怎么怪。反正，就是隔了一层。这一层，也不必太苛责他。毕竟，这样的文化差异，还真是没什么人跨越得了。

#「答问」

问： 项梁起兵时，范增跟他所提的建议，现在想想，是不是真的要立一个楚王才行？这样的话，后面就必然要有如何取而代之的问题。另外，楚南公说的那句“楚虽三户，亡秦必楚”，当时文字流传是否真的如此之快，快到大家都知道了吗？是否一定要引用这个人讲的话，然后找个楚国的后代来当楚王？就这样。我的问题，老师听得懂吗？

答： 我先试着答答看。

上个月我在南京先锋书店讲座，有位女士从上海赶来。上海到南京，感觉挺近，其实还是超过了三百公里。那女士第一次提问，我听不懂。我问底下的听众听得懂吗，底下的人都摇头。我只好请这女士再说第二次，等她说完，我又看看底下，大家依旧摇摇头。因她已说了两遍，没办法，我只能直接言道：不然，我来试着答答看。结果，等我说完之后，大家都觉得我回答得很好。这代表什么？这代表有时候瞎猫会碰到死老鼠。现在，我就再试着来当当瞎猫。

第一个问题，关键在于秦统一天下才十来年，楚国百姓对楚国的记忆却已长达八百年，对当时的楚人而言，他们的“故国”情怀必然是极度地根深蒂固。大家想想，现在有些深绿的欧吉桑（日语“叔叔”的汉字谐音），不是动不动都还在谈“二·二八”事件？“二·二八”是民国三十几年的事情，至今已过了六十几年。假使当时他十来岁，现在八十岁都还讲得咬牙切齿。其中的虚实，姑且不论，但可确定的是，对某些人而言，的确感受很强烈。秦统一天下，也不过十来年，各国三四十岁以上的人，对于过去之事必然都还记得清清楚楚，感受肯定也极深极强。所以，除了楚国之外，当时的其他五国，也同样都立原来的国王之后为王。当然，如果不是十来年，而是经过了百余年，形势应该就会改变，届时就不一定要拥立楚王之后了。

所以，刚刚我说道，项梁如果没死，估计他处理楚怀王会好一些，毕竟，项梁是个有谋略的人。至于项羽，则压根毫无谋略，才会处理得如此粗暴。大家想想，四百年后的曹操，威权隆盛，声势烜赫，可至死却都仍不敢篡位；而当年周文王已然三分天下有其二，也还是迟迟不敢伐殷。为什么？在中国这个文化体系中，全凭武力还是难成大事，不管如何，终究还要有一定的正当性，还是要有个名正言顺的问题。上回不也提过？国共内战时，国军从任何一个角度来说，似乎都比解放军强许多，可是，解放军占据了所有正当性，在宣传上显得名正言顺，国军则是哑巴吃黄连，啥事都说不清。这一点，就决定了最后的胜负。

第二个问题，楚南公说的话有没有传播甚远，我们不得而知。但这话肯定在楚国的某个圈子流传着。范增直至七十岁都还没出山，要么，就很差；要么，就是个厉害的高手。这么一个七十岁老头的记忆库中，肯定是收藏了楚南公这句话。当范增跟项梁转述时，凭他的年纪与智慧，楚南公这句话就变得特别有力道。准确地讲，是范增加持了楚南公这句话，同时，范增也不过是借楚南公说了他自己想说的话。

问：老师一开始提到“放得开是天道”，我有一个疑惑，宋代以后的理学家往往自认为对于性命、天道谈得比前人好，但为什么他们在很多时候反而会有放不开的现象？

答：所谓“好”，是他们自认为的。

这有两个大问题。第一，理学家讲的天道，落于一偏；他们只谈上天有好生之德，不谈天地不仁。而且，他们讲的好生之德，也太窄，气象不大。

第二，谈得好与做得好，仍终究是两回事！

真正的中国学问，重点不在于怎么谈，而在于怎么做。刚刚为什么我特别谈张爱玲的照片呢？人活出来的真实状态，才是一切的根本嘛！

就思考而言，宋明的理学家一定比孔子更擅长思考。可是，在中国这个传统里，太会思考、太会议论，常常意味着更有异化的可能。否则，孔子就不需要告诫我们：听其言而后观其行。

宋明理学讲的性命与天道，我常觉得，他们说太多也太会说了。张载最有名的四句教：“为天地立心，为生民立命，为往圣继绝学，为万世开太平”，这话不是说得不好，而是说得太好。太好之后，就变得不真实，变得没办法落实。孔子不讲这种好到不真实、也无法落实的话。大家仔细看《论语》，《论语》的话都具体而真实，都可以做得到。但是，张载那四句话怎么做？事实上，孔子对于言与行、思维与实践的内在关系，有种异常的敏感。所以，他不空口说白话；所以，他说话总带着强烈的对应性；所以，他说话一点儿都不深奥。

上回我在苏州讲座，那天的主持人程度很高；开场的介绍，大概是我遇过最精准的一次。可是，讲座的最后，她有一句话，却被我当场纠正。她说，希望大家待会可以提一些深刻的、深奥的问题。我赶紧郑重声明：大家千万别提什么深刻与深奥的问题，否则，我会答不出来。毕竟，我是个不太有“学问”的人，只谈具体的问题，只谈一听就懂的问题。我最大的希望，是把复杂的事情说得简单。现在许多太有“学问”的人，老是把很简单的事情讲得很复杂；我想，大家或多或少，都吃过这种人的亏。所以，我觉得宋明理学固然有其可贵与可敬之处，但是，他们的确异化了。总的来说，理学家跟孔子是很不一样的，如果跟《史记》里的世界相比，距离又更远了。

第四堂课

今天我们接着看《项羽本纪》。刚刚上课前，有学员问道：最后假使是项羽打垮刘邦，得了天下，他所开创的朝代，会有类似汉朝后来的局面吗？我的答案是：不可能。假使刘邦这一批人全被项羽摆平，最后的情况，应该是项羽会成为第二个秦朝；最了不起，也就一二十年，很快又会垮掉；更有可能是压根不需要一二十年，马上就天下大乱。问题的关键，是格局。项羽根本没有一个开创新时代的格局。

上次讲到项羽率领诸侯军入关中，进咸阳，这时，项羽等于是天下共主，所以就由他来分封天下。一分封，就牵涉到格局的问题。相较而言，打天下和分封是两件完全不同层次的事情。分封是政治问题，简单说，就是把什么样的人摆在什么样的位置，要把整个天下给摆对，这需要的，是大智慧与大谋略。项羽当然缺乏这样的智慧与谋略。结果，一分封，天下立刻就分崩离析。

项羽分封的大方向，是弱化原来的六国诸侯（包括楚怀王），强化随他入关的各国将领，用新“实力”取代旧“势力”。这样的方向，不能算错。但是，项羽做得又急又猛，既没轻重，也无缓急，以为只要凭着他“力拔山兮气盖世”，就能摆平所有的人。于是，才一分封完毕，齐国的田荣就首先造反了；紧接着，赵国也起兵。结果，项羽才刚定都彭城，东边、北边就统统出了大状况。

刘邦趁此形势，从汉中北伐关中，旋即平定整个秦地，奠下后来楚汉相争的基础。然后，刘邦再往东出关。一出关，恰好项羽派人杀死义帝，消息传来，刘邦便以帮义帝复仇为名，号召天下，于是，四十九小页的第五行：春，汉王部五诸侯兵，刘邦率领五诸侯的军队，凡五十六万人，东伐楚。这时，项羽正攻打齐国，项王闻之，即令诸将击齐，交代底下的将领继续攻齐，自己则掉过头来，而自以精兵三万人，南从鲁出胡陵。至于刘邦这边，四月，汉皆已入彭城，收其货宝美人，日置酒高会。刘邦迅速攻进彭城，一进城，原形毕露，开始“收其货宝美人”“置酒高会”。

之前提过，范增说刘邦进咸阳时，“财物无所取，妇女无所幸”，如此一反常态，可见“其志不在小”。当初在咸阳，一则是因有樊哙、张良帮忙踩刹车；二则刘邦也心里有数，号令天下的是项羽，至于将来项羽会不会再进关中，肯定是会的。所以，他真想得意，其实也还太早！可这回，他进彭城，就大不一样了。毕竟，这回是由他号召天下，而攻下的彭城，又是项羽的大本营，直捣黄龙呀！而且，彭城已近老家沛县，就某种意义而言，也等于是衣锦还乡了。因此，早先进咸阳的压抑与警觉，一下子都释放了。霎时间，他只觉得好爽，有种飘飘然。于是就抛开了所有的紧张与抑制，置酒高会，既嗨又爽，结果，乐极生悲，形势就逆转了。

项王乃西，项羽于是从胡陵往西而去，一清早，就从萧县对汉军发动攻击，而东至彭城，日中，大破汉军。到了中午，大破汉军。结果，汉军皆走（“走”，用闽南话念比较准确，音近于“ㄗㄠˋ”，但不是去声，而是入声字，必须读成急促下滑音。“走”与今天汉语的用法不同，意思是“跑”，逃跑），相随入谷、泗水，杀汉卒十余万人。汉卒本来不是五十六万吗？被杀了十几万之后，其他的汉卒皆南走山，往南边的山上狂奔而去。楚兵一路急追，追到灵璧东边的睢水上。汉军一看，前面是水，只好后退，汉军却，楚兵又杀来，为楚所挤，多杀，至于没被杀的，汉卒十余万人，皆入睢水，睢水为之不流。恐怖啊！

这是历史上非常特殊的一场战役。刚刚看到，项羽三万人，刘邦则有五十六万人。五十六万人被三万人追着打，还溃不成军，原因在哪？第一，当然是项羽的骑兵机动性太强，“兵贵神速”，他的速度已经快到刘邦完全没有一点心理准备；在猝不及防的情况下，刘邦的人数越多，只会溃散得越惨，也越凌乱。第二，刘邦那五十六万人，毕竟是汉军再加上五诸侯军，本来就是乌合之众嘛！这种乌合之众，汇集得快，也溃散得惨，所以，一下子就像黄河溃堤般，别提战力，大家就赶紧逃命吧！

结果，围汉王三匝，汉王整整被围了三圈，于是，大风从西北而起。请大家回头看一下，这是什么时候？是四月，阴历四月，大概就是阳历五月，华北的晚春。大风从西北而起，这就是我们所说的沙尘暴。大家知道春天容易有沙尘暴，冬天则较少；沙尘暴一吹，真大起来，很吓人的。《史记》用了四个字，折木发屋。我不知道大家看了这四个字有没有感觉，至少，我是非常有感觉的。因为，我住台东。

真正风大时，树木会有三种状态，一是折，二是倒，三是拔。请问大家：折木与拔木，差别在哪里？哪一种风比较大？（台下回答："拔木。"）其实，不见得。有时候风大到极点，树木啪地断了，就是"折木"。至于"拔木"，要连根拔起，除了风大，还必须有其他的条件配合。什么条件？雨要下得够多，多到土壤完全松动。前几天，我去我的老朋友萧老师山上。去到山上，看到竹子倒成一片，竹子的根部一簇簇都往上翘。我住池上二十几年，头一次看到这种景象。以前台风来，不论怎么狂风肆虐，竹子都是从中而断，也就是折木；但这回，则是拔木。为什么？因为这次雨量非常大。萧老师说，山上那几天的总雨量，应该超过一千毫米。雨量大到土壤彻底松动，狂风再吹，就容易连根拔起；如果雨量不大，真要连根拔起，并不容易；顶多，就是倒掉。

折木之外，下面两个字我看了更有感觉，发屋。什么叫“发屋”？整个屋顶掀掉，像开花一样。十几年前，有一个“碧利斯”台风，池上彻夜狂风暴雨，隔天台风过后，我们看到稻田里有间铁皮屋，完完整整，就矗立在田中央。原来，是一户透天厝顶楼的铁皮屋被台风一刮，整个“空降”而来。至于那栋房子，就算是“发屋”了。相较起来，以前的茅屋更容易“发屋”。

刘邦遇到的沙尘暴，大到可以折木发屋，然后，扬沙石，窈冥昼晦，铺天盖地的飞沙走石，使天色阴暗得宛如黑夜。这个“昼晦”，这些年每逢沙尘暴，都很容易在媒体看到类似的画面。早些年北京沙尘暴很严重时，常常能见度只剩几厘米，那就是“窈冥”。(当然，北京这几年沙尘暴好多了，只是又来了雾霾。)结果，这样的沙尘暴逢迎楚军。楚军大乱坏散，而汉王乃得与数十骑遁去。这个时候，欲过沛，想经过沛县时，收家室而西，把家人带着，往西回关中。楚亦使人追之沛，取汉王家。家皆亡，不与汉王相见。家人跑光了，汉王一个都没找着。后来，汉王道逢得孝惠、鲁元，汉王在路上撞见了孝惠、鲁元，孝惠就是后来的惠帝，鲁元就是长公主。乃载行，就带着走。

楚骑追汉王，汉王急，推堕孝惠、鲁元车下，滕公常下收载之。滕公就是夏侯婴。(自刘邦起事后，夏侯婴一直帮刘邦驾车。刘邦为汉王，夏侯婴就开始担任太仆的职位。刘邦死后，滕公继续担任惠帝的太仆；惠帝死，滕公又续任吕后的太仆；一直到汉文帝，滕公还是太仆，依然帮皇上驾车。)夏侯婴见刘邦一推，赶紧停车，急忙把孝惠、鲁元给拎回来。才隔一会，刘邦又见危急，再一次把孩子推下去，如是者三，就这么推了三次。最后，曰，夏侯婴说：虽急不可以驱，奈何弃之？虽然形势危急，但也不该这样丢弃他们呀！于是，遂得脱。脱逃之时，刘邦仍一路找寻，求太公、吕后，不相遇，始终没遇着太公、吕后。这时，有一位审食其(“食其”在秦末是个“菜市仔名”，这名字《史记》出现好几次，有郦食其，有审食其，还有司马食其、赵食其，蛮多的。至今，我搞不清楚这个名字为何如此普遍)，从太公、吕后闲行，跟随着太公、吕后，不敢走大马路，专走小径，想求汉王，看能不能找得着刘邦，结果，不仅没碰着刘邦，反而撞见了楚军。这一撞，当场被楚军逮住，报项王，楚军回报项王，项王常置军中。

刚刚“推堕孝惠、鲁元车下”的问题，待会跟“烹太公”一并来看。现在先把后头的事情，大略说说：后来刘邦顺利脱逃，回到了关中。因萧何经营关中甚好，所以刘邦要粮有粮、要兵有兵，不多久，军容壮盛，就又出关去了。刘邦出关后，虽然屡战屡败，但因后援强大，所以又能够屡败屡战，于是就在荥阳附近，与项羽长期拉锯。项羽虽胜，却始终无法越过荥阳，往西推进关中。

接着看五十九小页第五行，当此时，彭越数反梁地，彭越好几次以梁(梁在河南省东部)为根据地，起兵造反，把楚的粮道给断绝了，所以，项王患之，项羽这仗就打不下去了。结果，项羽想出了个办法，为高俎，置太公其上，把刘太公高高架起，然后恐吓刘邦：今不急下，吾烹太公，如果你不赶紧投降，我就把你老爸给煮了。汉王曰：吾与项羽俱北面受命怀王，曰：约为兄弟。我们都在怀王底下为臣，互约兄弟。既然是兄弟，吾翁即若翁，我老爸就是你老爸。如果你一定要把你老爸给煮了的话，则幸分我一杯羹，那么，你就分我一碗肉汤吧！刘邦这么一讲，项王怒，欲杀之。这时，项伯一旁说道：天下事未可知，且为天下者不顾家，虽杀之无益，只益祸耳。项羽听了，虽无奈，却也没办法，所以，项王从之。

烹太公这事，后世讨论得很多，却很少有人会把矛头指向项羽。平心而论，项羽这样的手段，确实卑鄙，和他的英雄形象反差很大。可有趣的是，这事大家都只骂刘邦，毕竟，刘邦的举动更让人反感。反感的，无非是：哪有人这么当儿子的?！天底下有这种儿子吗?！同样地，前面惠帝、鲁元公主之事，大家的不满，也无非是：天底下哪有这样的老爸?！讲到最后，这两件事情其实差不多。

真要解释，首先是项伯说的，“为天下者不顾家”。你打天下，就顾不了家。就像动物逃命时，群里的王只能负责引领着带大家赶紧逃命；这时，王不可能回头紧抱着自己的小孩，因为这不是王的责任。要抱小孩，那是王的家人的责任。项伯的意思，大概就是这样。

至于刘邦有没有想到他的家人？当然有呀！否则，他就不需要派人去找儿子、女儿，尤其是老爸、太太了。对不对？他还是一样会找。只不过，最后如果没办法，刘邦还是会先把自己的色身保住再说。这是第一点。一个打天下的人，面对种种质疑，其实都必须概括承受。说白了，别人怎么质疑，就由他去。不过，这对他而言，其实也是一种毫没效力的质疑。就他的角色来说，这质疑压根是无关痛痒的。毕竟，角色不同，看事情的角度也不同。

第二点，如果从策略的角度而言，项羽抓刘邦家人的目的是什么？不就是抓来当人质吗？而刘邦之所以急着要带走他的家人，不也是不想让他的家人成为人质吗？换句话说，关键是人质。因此，当他猛力一推，假使小孩被楚军抓到了，当然会成为人质；但会不会死呢？显然不会。但如果刘邦不舍，最后被楚军追上了，结果呢？当然是包括小孩，大家都一块死。换句话讲，把惠帝与鲁元推下去，可以确定他们不死；可把他们带着，死的概率较高。这样的结论，虽违反人情，却是事实。

至于太公这部分，就难讲了。当刘邦这么耍无赖时，他老爸有没有死的概率？有。项羽一冲动起来，谁知道他会有怎么的反应？如果不是项伯一旁踩刹车，项羽可能就真的把太公给煮了。可是，如果刘邦不耍无赖，说，好吧，我就投降吧！等投降之后，项羽大概又会把刘邦阵营给全坑了。换言之，如果耍无赖，刘邦老爸还有概率活；不耍无赖，最后不仅老爸，大概谁都得一死。以结果而论，可能耍无赖还比较“孝顺”一点。这样的结论，也同样违反人情，却依然是事实。

刘邦对于太公，看来吊儿郎当，可其实一直都在设法交涉。毕竟，那是自己的老爸。在中国传统社会里，孩子死了，当然难过，但问题不太严重；可是，老爸不一样，老爸是独一无二的。尤其刘邦这种王者，将来会娶几个老婆，没人知道；孩子会再生几个，也没人知道。对孩子的态度，显然就跟我们现在不一样。毕竟，我们现在生得少。

再往下，看六十四小页倒数第三行。楚汉对峙那么久，尽管项羽屡战屡胜，但形势却越来越不利。为什么？因是时，汉兵盛食多，汉的军容壮大、粮食甚多；相反地，项王兵罢食绝，兵源短缺、粮草匮乏。说到底，项羽少了萧何那样强大的后援。这时，汉王遣陆贾说项王请太公，派遣陆贾去游说项王，设法把太公请回来，结果，项王弗听。过阵子，汉王又派了另一个人侯公，往说项王，这回项王倒是接受了，与汉约定，中分天下，以鸿沟为界，东边归楚，西边属汉。(现在我们常说，某某之间有一道“鸿沟”；“鸿沟”正由此而来。)项王许之，即归汉王父母妻子，军皆呼万岁。再看下面，六十五小页倒数第二行。项王已约，双方已约定完毕，项羽就引兵解而东归。这时，刘邦也想回关中，欲西归。但是，张良、陈平说曰：“汉有天下太半，而诸侯皆附之。楚兵罢食尽，此天亡楚之时也。不如因其饥而遂取之。今释弗击，此所谓养虎自遗患也。”汉王听之。这个时候，双方的意志力差不多都到了临界点，任谁都有厌战之心。可是，刘邦这人比较没这问题。反正，累，也就这样；难堪，也就那样；厌战，过了片晌也没事了。经张良、陈平这么一讲，他立刻言道：好，有道理。再打！

汉五年，汉王乃追项王至阳夏南，止军。与淮阴侯韩信、建成侯彭越期，会而击楚军。这时除了汉王之外，另外有两支兵马，一是韩信，二是彭越。刚刚说彭越在梁，至于韩信，那时取下了齐（齐与秦为当时最重要的两个地方），实力非常强大。刘邦跟他们相约，一道进击项羽，结果，至固陵，到了固陵这地方，而信、越之兵不会，韩信跟彭越的军队却都没来。这时，楚击汉军，大破之，刘邦又被楚兵回头痛击，打得灰头土脸。汉王复入壁，深堑而自守。刘邦只好又退壁固守，挂起免战牌。他跟张良问道：诸侯不从约，为之奈何？韩信与彭越都不愿信守承诺、派兵前来，怎么办呀？张良说：楚兵且破，信、越未有分地，其不至，固宜。项羽的军队已然快被攻破，可直至如今，大王却没有承诺要分哪些地方给韩信、彭越，因此，他们不愿出兵、原地观望，这是必然的呀！

这番话很重要。每次到了类似的节骨眼，张良绝对不会在一旁起哄：对呀，韩信、彭越这两个畜生！最需要他们时，偏偏见死不救；明明答应了，却又不来，根本就首鼠两端嘛！诸如此类的，张良绝对不讲这种无聊话。即使刘邦阵营再怎么愤怒、再怎么愤愤不平、再怎么火冒三丈，张良永远像个无事之人，啥喜怒哀乐都没有，只是泼冷水似的，明明白白地告诉刘邦：其不至，固宜。他们没来，是应该的。这个“其不至，固宜”，是从客观的形势来看，也是从天道的角度来看。至于人情而言，当然大家会恨得牙痒痒。但要干大事的人，这时就得其人如天，就得喜怒哀乐啥都没有。

张良泼完冷水后，挑明了说，君王能与共分天下，今可立致也。即不能，事未可知也。大王如果能与韩、彭二人共分天下，那么，他们立马就来；如果大王办不到，天下事，可就难说啰！刘邦听罢，二话不说，曰，善！即刻派遣使者，把分封之意传达给韩、彭二人。使者一到，韩信、彭越皆报曰：请今进兵。我们今天就立刻出兵。韩信乃从齐往。刘贾军从寿春并行，屠城父。至垓下。到了垓下。大司马周殷叛楚，以舒屠六，举九江兵，随刘贾、彭越皆会垓下诣项王。项王军壁垓下。这时项羽的军队就在垓下，兵少食尽，汉军及诸侯兵围之数重。团团围了好几重，夜闻汉军四面皆楚歌，到了晚上，听到四面八方的汉军都唱着楚国歌声。项王乃大惊曰：汉皆已得楚乎？是何楚人之多也。大家知道，这是汉营的策略。

项王则夜起饮帐中。有美人名虞，常幸从；骏马名骓，常骑之。从这里开始，《史记》写得非常动人。不过，后来司马光写《资治通鉴》，却把这段全删了。为什么？在司马光看来，这一段“显然”与历史的演变不相干。以事件的叙述而言，这一段是岔出去的；没这一段，不仅没影响，反而更“聚焦”。但在《史记》里面，这一段铺陈甚多，尤其动人。这牵涉到司马迁与司马光写历史，是两个很不相同的视角。司马光很“实”，所谓“资治通鉴”，是直接从历史借镜，获取治国的经验；着眼的，完全是实际的功能。可司马迁不同，他除了人事的“资治”，也谈成败之外的天人之际。换句话说，司马迁既谈历史的成败得失，也谈成败得失之上。这乍看没啥实际功能，却牵涉历史最根本的“魂魄”问题。

因此，司马迁在《高祖本纪》写了《大风歌》，又在《项羽本纪》写了垓下之围时项羽的慷慨悲歌。显然，这是有意安排的。在这两段歌里，我们读到两个人内心深处的性情与魂魄。我们往下看。于是项王乃悲歌慷慨，自为诗曰：“力拔山兮气盖世，时不利兮骓不逝。骓不逝兮可奈何，虞兮虞兮奈若何！”歌数阕，美人和之。项王泣数行下。左右皆泣，莫能仰视。从“有美人名虞，常幸从；骏马名骓，常骑之”开始，这一段的笔法，讲求对仗，读着读着，很容易感觉文章的韵律感。司马迁这一路写下来，很感人。

后来京剧《霸王别姬》里项羽这一唱段，大家有没有听过？如果没听过，可以找来听听。通常有两个管道，一是直接看京剧的《霸王别姬》，大概最后十来分钟吧！剧中项羽与虞姬载歌载舞，泣下数行，唱得很好。如果不看京剧，也可以把陈凯歌的电影《霸王别姬》找来看看。这出电影从头到尾，都不断重复这个唱段，也很有味道。

不过，尽管如此，我还是要煞风景地请大家想想：霸王这段歌词，果真是他垓下被围时所作的吗？换句话说，这一段歌词的作者，当真是项羽？我想，作者是项羽的可能性其实不大，反倒是司马迁的可能性不小。怎么说？这一段很可能是司马迁特意写出来(要说是“杜撰”吗？)与《大风歌》做对比的。(恰如两人未出道前，司马迁做了“彼可取而代也”与“大丈夫当如此也”的对比。)两相比较，《大风歌》的作者是刘邦，殆无疑问。毕竟当朝高祖之歌，不仅史册详载，也必定流传甚广。司马迁倘使要“伪造”，以他汉朝为臣，恐怕也断无可能吧！至于垓下之歌，又为什么说可能是司马迁所作呢？

首先，项羽垓下被围，慷慨悲歌之时，营帐中的人，包括项羽，包括虞姬，也包括旁边的侍从，最后结局，要么被杀，要么自杀，应该都全无幸存。最后唯一活口，很可能就只是项羽在乌江渡口送给亭长的那匹乌骓马。它是唯一活口，却不可能把这首歌传布开来。所以，按情理说，这首诗的作者是项羽的可能性，实在偏低。

其次，我要说的是，即使这首歌的作者果真是司马迁，我们都还得承认：司马迁“伪造”得真好。所谓“‘伪造’得真好”，并不是指司马迁以假乱真，“伪造”的技术高超，而是司马迁用了一个假的东西，写出一个最真实的生命状态。这才是司马迁过人之处。他用一段可能是编造出来的叙述，把项羽的魂魄，用最传神、最感人的方式给勾勒出来。即使是假，都假得让我们佩服；即使是假，都假得让我们五体投地。这种“假”，比一般的“真”，更好，也更真。因为他写的，是项羽的魂魄；魂魄才是最大的真实。

从虞姬、乌骓，再到这首歌，一路写来，两千多年后我们读了这卷《项羽本纪》，不论项羽再怎么暴戾，做事再怎么离谱，都依然会佩服他、同情他。读完这一段，我们都必须承认：项羽是个大英雄！不论再怎么不认同他的许多做法，但在这慷慨悲歌、泣数行下之际，我们对他还是有着无限的感慨。司马迁这么写历史，就很了不起。如果我们读历史，能具有司马迁这样的视角，就可以把人看得多面、看得立体、看得丰富。如此看人，就可以超越是非善恶、成败得失，直接读到这人的魂魄深处。这是司马迁最厉害的地方。所以，这首歌的作者到底是谁，其实也不必太理会。但我们必须明白，这一段的铺排，是司马迁的大手笔，也是其他史家很难望其项背的。

好，司马迁写到项羽泣数行下，左右都莫能仰视，最后，项王乃上马骑，麾下壮士骑从者八百余人，项王骑着乌骓，冲了出去，底下追随的，有八百多人。后面的部分，叙述性很强，不看可惜。这一大段特别能看到项羽英雄末路的悲剧色彩，很动人。直夜溃围南出，驰走。半夜时，突破重围，往南疾奔而去，平明，直至天快亮时，汉军乃觉之，汉军才发现，于是，令骑将灌婴领五千骑兵追之。灌婴在后头追，项羽则在前头狂奔疾走，项王渡淮，骑能属者，百余人耳。项王渡淮水时，骑兵能跟上的，不过百余人。一开始八百多，现在只剩下百余人，项王冲得太快，大部分人都追不上。项王至阴陵，迷失道。项王迷路之后，便问一田父，结果，这田父骗了他，故意说往左边走，一走，乃陷大泽中。以故，因为如此，汉追及之。

汉兵追上之后，项王乃复引兵而东，至东城，引兵往东而走，到了东城，于是有了项羽的最后一战。这时，乃有二十八骑，只剩下二十八个骑兵。汉骑追者数千人。项王自度不得脱。望着数千名的追兵，自知无法脱身了，谓其骑曰，跟他的骑兵说：吾起兵至今，八岁矣，从我起兵到现在，已经八年了，身七十余战，所当者破，所击者服，未尝败北。这完全没有吹嘘，都是事实。遂霸有天下。接着，然今卒困于此，此天之亡我，非战之罪也。这是很关键的一句话。项羽说是上天要亡他，而不是他征战出了啥问题。这句话，就某个角度而言，没算错；因为，他确实会打，论征、论战，没人是他的对手。只不过，“天之亡我”，到底为什么天要亡他？可能，至死他都没明白。

项羽接着说，今日固决死，愿为诸君快战。反正今日必死，我就再为大家打一场吧！待会，你们一定会看到：我必三胜之，为诸君溃围，斩将刈旗。如此一来，令诸君知天亡我，非战之罪也。这一句话，项羽念兹在兹，耿耿于怀呀！乃分其骑以为四队，四向。最后剩下的二十八人，再分四队，往四个方向奔去。汉军围之数重。项王谓其骑曰：“吾为公取彼一将。”我等会为你取下一名汉将的首级。令四面骑驰下，期山东为三处。于是，项王大呼驰下，汉军皆披靡，遂斩汉一将。这时，汉军有一个赤泉侯，为骑将，追项王。项王忽然一回头，瞋目而叱之，赤泉侯人马俱惊，辟易数里。这太厉害了。(瞋目而“叱”之，这“叱”字我很有感觉。这字保存在今天的闽南话里，音近“ㄘㄜˋ”，但也不是去声，而是入声字，跟前头的“走”字一样，都读成急促下滑音。我小时候在茄萣也常听欧吉桑“叱”人，有时也蛮吓人，不过，当然没有项羽这么厉害，可以让人马俱惊，退了数里，魂魄都还收不回来。)

与其骑会为三处。汉军不知项王所在，乃分军为三，复围之。项王乃驰复斩汉一都尉，杀数十百人。先斩了汉一都尉，接着，又“杀数十百人”，这让我们想起《项羽本纪》开篇时，项羽不也同样先斩吴郡郡守的首级，走出府门，又“所击杀数十百人”吗？这里的“数十百人”，到底是几十人，还是一百人，还是一百多人？其实，一点都不重要，甚至这个数字的真实度如何，也压根不打紧。关键，只在于前后的呼应。项羽一开始踏上历史舞台，就是“所击杀数十百人”；而今他将离开历史舞台，临退场前，依然又“杀数十百人”。这样的前后呼应，格外能引起我们对历史轮转的喟叹。这样的书写，就有力道。

接着，复聚其骑，亡其两骑耳。厮杀了这么久，也杀了汉兵“数十百人”，结果，楚军却只损失了两骑。乃谓其骑曰：“何如？”项羽得意地问手下：怎么样呀？

骑皆伏曰:“如大王言。”这里的“骑皆伏曰”,也跟开篇的“一府中皆慑伏,莫敢起”“诸将皆慑服,莫敢枝梧”遥相呼应。于是,项王乃欲东渡乌江。这仗打完,他已证明自己的能耐,也证明确实“非战之罪也”,所以,项羽就要东渡乌江。乌江亭长檥船待,谓项王曰:“江东虽小,地方千里,众数十万人,亦足王也。愿大王急渡。今独臣有船,汉军至,无以渡。”这个亭长对项羽说,只要渡过乌江,就可以回到江东。江东虽小,却足以让大王另立局面,东山再起。(这里的“小”,自然是当时的概念。如果换成今天,江东或江南,经济是何其富庶,人口是何其稠密,地域是何其广袤。但在项羽的时代,江东发展比较落后,所以说是一个小地方。)

听罢,项王笑曰:天之亡我,我何渡为。这两句,当然是项羽的借口。不过,太史公也有意与《高祖本纪》刘邦病危所说的“吾以布衣提三尺剑取天下,此非天命乎?命乃在天,虽扁鹊何益?”相互对比,两人所说的,当然有同有异。而项羽真正的关键,倒不在这两句,而是后面:籍与江东子弟八千人,渡江而西,今无一人还。纵江东父兄怜而王我,我何面目见之?纵彼不言,籍独不愧于心乎?当初带着八千江东子弟兵渡江而去,而今八年,那八千子弟兵却已全军覆没,如今,假使我再回到江东,又有什么脸面去见江东的父兄呢?即使他们不说话、不责备，难道，我会不觉得羞愧吗？

之前讲过，项羽在渡江这一刹那，为了脸面问题，踌躇再三；但如果换成是刘邦，则压根没这问题。因为项羽出身贵族，贵族从一出生开始，就有身份上的自觉。一来他们有种尊荣，有种高贵；二来他们也会矜持，会有面子的问题，刘邦没面子问题，只要色身保住，就是一切，其他的，都可以再说。除了贵族出身，项羽更大的问题，就在于他从二十四岁出现在历史舞台，才三年，就攀上生命的最高峰。当他号令天下，不可一世又过了五年，才忽然猛地一摔，兵败垓下，这时，让他再回到发迹的江东，真是“情何以堪”呀！如果他像刘邦一样，五十岁左右才登场，登场之后也不被看好，结果经过八年，光棍一条，又回去了；这时，情感上不会有啥问题，也不可能把自己逼上绝路。

决定不渡乌江，项羽就对亭长言道：吾知公长者，我知道您是个长者。(之前提过，当时所说的“长者”，不见得年纪很大。可是，只要稍有年纪又被称“长者”，就意味着对方觉得你身上有种令人佩服的生命质地。所以，要对一个人表达敬意，最简单的词，就是“长者”。)吾骑此马五岁，所当无敌，尝一日行千里。(正因为太能跑，才会“骑能属者，百余人耳”。)不忍杀之，以赐公。结果，项羽把马送给亭长之后，乃令骑皆下马步行，持短兵接战。下了马，长兵器派不上用场，因此，开始短兵相接。独籍所杀汉军数百人，项王身亦被十余创。太史公所描述的这个画面，大家觉得像不像《英雄本色》里的周润发？不知道周润发的形象有没有来自项羽的灵感？记得我年少看《英雄本色》，就很纳闷：奇怪，怎么打，都打不死，太不可思议了吧？！后来读《项羽本纪》，才发现项羽正是如此："杀数百人，身被十余创"之后，依然屹立不摇。

顾见汉骑司马吕马童，回头看到了汉骑司马吕马童，曰："若非吾故人乎？"你不是我以前的手下吗？马童面之，指王翳曰：此项王也。吕马童扭过头去，对着王翳说，这就是项王。项王乃曰：吾闻汉购我头千金，邑万户。我听说刘邦开了条件，只要取我首级，便可以得千金，封万户侯。吾为若德，好吧！我就帮你这个忙吧！乃自刎而死。项王自杀之后，汉将蜂拥而上，结果，王翳取其头，余骑相蹂践争项王，相杀者数十人。（唉，难看呀！）最其后，郎中骑杨喜，骑司马吕马童，郎中吕胜、杨武各得其一体。包括取得首级的王翳，总共五个人，共会其体，皆是。像拼图似的。故分其地为五。后来就把那万户的封地一分为五，五个人再来分封，这我们就不管了。

接着看七十四小页第四行。项王已死，楚地皆降汉，独鲁不下。所有的楚地都已投降刘邦，只有鲁例外。汉乃引天下兵欲屠之，为其守礼义、为主死节，乃持项王头视鲁，鲁父兄乃降。刘邦本来打算率领天下兵马屠鲁，但念在鲁人守礼义、为主死节，故而持着项王的首级昭示鲁人，让他们知道项王已死，再行抵抗也没啥意思了。接着，太史公做了一点补充说明：始楚怀王初封项籍为鲁公，及其死，鲁最后下。当初楚怀王封项羽为鲁公，鲁人以项羽为主，所以才坚持不对刘邦投降。

比较重要的，是后面：故以鲁公礼葬项王谷城，因此在谷城这个地方，用鲁公的规格为项羽举行了一场正式而隆重的葬礼。汉王为发哀，泣之而去，刘邦亲自参加丧礼，哭了一场，然后才离开。这件事，后代争议很多，许多人觉得刘邦不怀好意，也有人觉得他在演戏。他们的说法是：花了这么大力气把对方灭了，高兴都来不及，还哭？因此，他们说刘邦是喜极而泣；因此，他们说刘邦是鳄鱼的眼泪。

我不知道大家的看法是什么，如果依照我的体会，刘邦的哭，是真哭，既不是喜极而泣，也不是鳄鱼的眼泪。真要说，这里头有没有演戏的成分？我想，多多少少是有的。但是，在丧礼中落泪，肯定还是有一份真情。怎么说？或许，我们因为不到他们那种档次，所以不太容易体会。无论刘邦看项羽，或者项羽看刘邦，对方虽是个最大的敌手，可一旦对手消失了，心里还是会有种怅然，有种感伤。当然，感伤归感伤，打还是得打；但即使是打，对对方的爱惜之心依然是有的。我想，这应该得做点区分。敌人，常常是我们最在意的人。真正够分量的敌人，有朝一日不见了，我们可能比谁都还难过。

这就像后来曹操对刘备的情感。两人在煮酒论英雄时，曹操明知刘备会成为最强大的敌人，可是，那爱惜之心却是比谁都真切。事实上，不到曹操那档次，也未必能准确地看出刘备的分量。换句话说，那才叫棋逢敌手呀！一旦棋逢敌手，就会惺惺相惜，也为对方暗暗叫好。所以，项羽死了，刘邦肯定会感伤。只不过，感伤归感伤，杀归杀，两码子事。类似的例子，譬如曹操杀陈宫。杀，不得不杀；可杀完了，曹操还是真心地哭。这哭，绝对不是演戏。他知道陈宫是个人才，最后不得已杀了他，还是要落泪。如果把这讲成是喜极而泣，就未免把他们想得太浅薄了。事情显然没那么简单。人生的是非善恶也好，相互为友与相互为敌也罢，本来，就是一个动态的关系。绝不是一旦为敌，对方就一无可取，心里也只剩下仇恨。不可能嘛！

然后，诸项氏枝属，汉王皆不诛。这非常重要。所有项氏之人，刘邦一个都不杀。后来，他还封项伯为射阳侯。另外，还有桃侯、平皋侯、玄武侯，也都是项氏，后来也都赐姓刘。这四人之中，项伯封侯是没有问题的，不论是鸿门宴，还是项羽要烹太公，项伯都有德于刘邦。至于另外三人，到底凭什么封侯，我们就不得而知了。但重点在于，他封了四个项家的人，且项家所有的人他一个都不杀。这就回到我们前面所说的，“不嗜杀人者能一之”。如果换成是项羽打下天下，我们能想象“诸刘氏枝属，项王皆不诛”吗？不可能吧！这也是为什么我说他一定会变成第二个秦的原因。项羽虽说打下了天下，可天底下人心不服者，实在太多了。那么多的人在项羽打下天下之后，都还怀着国仇家恨，都还有强烈的复仇念头，这意味着天下依然会不安，依然稳定不了。可是刘邦这么一做，至少，在项家这部分，就大致摆平了，对方也不会有太多复仇之念了。为什么说刘邦豁达大度？不管他是真心也好，是表演也罢，总之，他所做出来的，就能让天下清爽、人心安定嘛！

最后，看太史公曰：吾闻之周生曰，我曾听周先生说道《史记》的“生”与后代所说的“生”不太一样。明、清以来的“生”，譬如《西厢记》有名的“张生”，更多是我们在京剧、昆曲里看到的那种细致、斯文，甚至过于阴柔的小生。可是《史记》里的“生”，全是老生，都是有学问、有人品的老成之人），舜目盖重瞳子，又闻项羽亦重瞳子。之前讲过，他们的眼睛都有两个瞳孔。羽岂其苗裔邪？难道项羽是舜的后代吗？果真如此，何兴之暴也？为什么又会兴起得这么迅速呢？另一句太史公没讲的话，则是：又何亡之暴也？夫秦失其政，司马迁每回讲到一个时代出问题，总说“失其政”，也就是政治没抓到重点，该做的也没做到。陈涉首难，豪杰蜂起，相与并争，不可胜数。陈胜起兵之后，天下豪杰纷纷起兵。然羽非有尺寸，项羽本来没有尺寸的封地，却能够乘势起陇亩之中，三年遂将五诸侯灭秦，分裂天下而封王侯，政由羽出，号为“霸王”。位虽不终，近古以来未尝有也。这样的功绩，尽管没有持续，可毕竟是近古以来未曾有的局面呀！可是，及羽背关怀楚，等到项羽背关而去（也就是不肯定都关中），心里还始终挂念着楚地，放逐义帝而自立，尤其又放逐义帝而自立，顿时失去了正当性，怨王侯叛己，难矣，这时再去抱怨这些王侯背叛自己，就无关宏旨，没啥意思了。

自矜功伐，项羽夸耀自己本领，总念念不忘自己的功绩，临死之前，都还要对属下展现自己的能耐，一定要证明自己有多行。事实上，像项羽这么行的人，最大的陷阱，大概就是想证明自己很行吧！有这样的念头，自己的行，就会反过来成为最大的负担。奋其私智而不师古，项羽老觉得自己很有想法，不愿意虚心学习古人，听听别人的意见。谓霸王之业，欲以力征经营天下，五年卒亡其国。以为自己立下了霸王之业，凭着他的“力拔山兮气盖世”，就能搞定整个天下，结果，不过五年，国就亡了。身死东城，尚不觉寤，而不自责过矣。直到最后死于东城，尚且都没觉悟，仍不觉得自己有错。乃引天亡我，非用兵之罪也。岂不谬哉！事实上，一个人在临死之前，倘使真能知道自己的问题在哪里，那么，就已经是蛮了不起了。大部分的人，恐怕都还茫然无知吧！尤其项羽，死时也不过三十二岁，到人生最后一刻，都还努力证明自己有多行。单单这点，就知道他离真正地明白还有多远！

好吧！《项羽本纪》我们就讲到这里。下面的时间，请大家提问。

「答问」

问：我想请教一个司马迁笔法的问题。在同一个时代里，有些故事同时牵涉到项羽与刘邦，司马迁怎么决定该写在《项羽本纪》还是《高祖本纪》呢？譬如高祖推小孩下车或者烹太公这样的事，为什么写在《项羽本纪》呢？反之，在《高祖本纪》为什么又会看到项羽所过无不残破之事？这是有意的安排吗？有没有人研究太史公这些笔法的特别用意呢？

答：肯定有相关研究，但我不清楚。因为，我不是做学术研究的人。

不过，我相信太史公绝对有其用意。譬如刚刚那两件事，明明主角是刘邦，理应写在《高祖本纪》，但司马迁顾及此事争议太大，一般人难以接受，所以稍稍回避，就改摆在《项羽本纪》。毕竟，《高祖本纪》写的是司马迁所处的汉朝的开国者，写太多争议性的东西，会惹来无谓的麻烦；可偏偏司马迁又不想放过这些细节（如果换成其他史家来写，大概都会删掉这些有“污蔑”嫌疑的细节），于是，就挪了个位置。不过，即便如此，《史记》在汉代的名声依然不好，许多人视之为“谤书”，觉得是一本毁谤之书。

换言之，这里头有着司马迁权衡取舍的整体考虑。至于《高祖本纪》里写项羽“所过无不残破”，事实上，《项羽本纪》也谈了类似之事，只不过在《高祖本纪》又特别再谈，显然是有些对比的效果。刘邦之所以成事，就在于他该放过就放过，该秋毫无犯就秋毫无犯，这和项羽的“所过无不残破”两相对比，就特别有说服力。

问：可否问一个和今天的课程不太相干的问题？今天《联合报》介绍越南一个猛将，叫作武元甲，活到一百零二岁，他跟法国、美国、中国都打过仗。整体的感觉，他的精气神跟我们都不太一样。如果换成台湾现在的精气神，越南不知道已经被消灭几次了?! 老师能不能帮我们从历史的角度，来分析一下现在的台湾？

答：目前台湾的整体格局，是从一九四九年“中华民国中央政府”的播迁开始确立的。大家知道，如果一九五〇年没有朝鲜半岛战争的爆发，以当时解放军士气之高昂、国军之兵败如山倒，台湾很可能在一九五〇至一九五二年之间就被解放了。整个形势的逆转，是因为朝鲜半岛的战争。这里头，多少有些历史的巧合。

我常跟大陆的朋友说，台湾本来可以扮演某种角色，可由于缺乏一种志气，就逐渐变回一个小岛的角色。说白了，当台湾自我放弃，不愿意再有雄心壮志之后，台湾的真正分量，大概就跟海南岛没太大两样了。海南岛的面积跟台湾差不多，但是，有谁会很在意海南岛呢？

一个人的精气神，取决于心量的大小。在座有几位，尤其曾文祺先生，可能比我都更清楚。曾先生长期在大陆，当初的“明基中国”就是他在大陆打下的江山；他最清楚，台湾人的心量如果够大，其实是可以变成一个角色，可是却放弃了。台湾目前的本土化，老实说，其实就是自我封闭化。自古以来，只要决定偏安，就是自取灭亡。台湾的现在，就是没那个志气。没志气之后，最直接遭殃的，还不是将来的历史定位，而是我们的下一代。我们年轻人因为没志气，搞不清楚要干吗，所以只好一个个去追求“小确幸”（微小而确实的幸福，是稍纵即逝的美好）。

问：巨鹿之战以后，诸侯去见项羽是跪着进去，这是他们主动跪的，还是处境逼他们跪着进去？还有一个问题是，最后讲到“太史公曰”，我觉得比较奇怪的是，司马迁说要成一家之言，最后怎么“太史公曰”全部都是周生讲的话？

答：关于第一个问题，我想，你提供的两个答案，会不会就是一而二，二而一呢？换句话说，答案应该是：当时的氛围使得（或者说“迫使”）他们不由自主（这又算不算主动呢？）地“膝行而前”。所以，你说的两个答案都对。

至于第二个问题，应该只有前面的第一句“舜目盖重瞳子”，确定是周生所讲。至于第二句“又闻项羽亦重瞳子”，可能是司马迁听周生所说，也可能是别人所言。（按理说，如果项羽是重瞳子，其实不太需要劳周生这种博学鸿儒来说。毕竟，当时离项羽的时代那么近，一定很多人都知道这事。）除了这两句之外，其他都是司马迁的“一家之言”。

但话说回来，古人非常擅长借别人之口说自己的话。所以，即使整段的“太史公曰”都是周生所说，其实也一点都不妨碍司马迁的“一家之言”。

问： 刚刚提到打天下时，一定要有个正当性来作为号召；可是等到打下了天下，刘邦又把韩信、彭越、英布这些功臣杀光，几乎历朝历代都会有类似的问题，不知道老师有没有想到处理功臣比较好的方法？

答： 粗略地说，功臣确实是个非常棘手的问题。越到后来，我越觉得，在情感上大家都没办法接受杀功臣，可在现实中，这又有一定程度的不得不然。真要拿捏好，可能比我们想象的都困难许多。包括韩信这个问题。韩信是不是真的非死不可？他最后为什么不是死在刘邦手下，而是死于吕后之手？刘邦知道韩信被杀之后，为什么一边高兴，又一边难过？这里头，的确牵涉到很多复杂的问题，我们就留到讲韩信时，再来讨论。

问： 虽然《史记》是如此精彩，可在今天这样的时代，对于我们的安身立命又能有什么样的帮助呢？

答： 说到安身立命，我想，应该就是这门课的标题："天人之际"吧！

读《史记》，真正体会了"天人之际"，我们就可以开始学会分辨：生命中有哪些事是注定扳回不了的？

有哪些事我们是压根不必在意的？又有哪些事情一定得换个角度看看？举个例子。我有一个小学同学，是台塑的技术工人，十几年前，不小心被机器压断了三根手指头。我去医院探望他，一进病房，看到他的家人一片愁云惨雾，我却嬉皮笑脸，还带了两本书给他。我说，躺在这里，反正也就那几根手指头有事，其他的，啥事都没有；既然如此，闲着也是闲着，不妨就看看书。我拿了什么书给他看呢？南怀瑾上、下两册的《论语别裁》。

我这个小学同学，私立高职毕业，当初连公立高职都考不上。他不是一个制式教育下会读书的人，可是，很有头脑。那时我探望他，之所以嬉皮笑脸，是因为我清楚地意识到：他这次受伤，是祸，也是福。怎么说？台塑那么有传统的大企业，员工因公受伤，公司断不可能不做个妥善安排。换言之，公司不可能炒他鱿鱼，只会让他脱离原来的操作工作，再转去做行政工作。

我的想法是，以我老同学的聪明与灵光，一直当个技术工人，是可惜了。倘使改做行政工作，肯定会有更多的发展空间。后来，果真如此。出院之后，他不再操作机器，改成负责工程招标，做得风风火火。因为他脑袋灵活，许多的眉眉角角，一学就会；尤其虚实之间的拿捏，更是如鱼得水。上次他跟我说道，公司里有几个成大硕士毕业生，最近老问他，为什么事情可以做得那么漂亮？他笑着说，是因为我的学历比较低啦！要不然，就是因为我读了几本南怀瑾的书。

早先他手指断掉，从人情来看，当然是场灾难；可假使从天道的角度，就可能是上天在成全他。最后，他的确因祸得福，这一生，从此就不一样了。他常说，现在有时候都觉得挺不好意思，与其说每天上班，更像去玩。玩玩包商、玩玩主管，有时候也玩玩同事。他管的事，其实都很简单，只是不知道为什么许多人都是一个头两个大？他因为学历的关系，职位没办法继续往上调升，可是他有点像部队里最资深的士官长一样，谁都惹不起。他变得非常有分量，因为没有人比他更有经验，也没有人比他更能掌握状况。他在公司里待着，确实待得很开心。

相较之下，我们透过司马迁的整理与铺排，在《史记》中就可以读到起伏更大、起落更明显，也更值得玩味的例子。《史记》中的生命观照，提供我们的时间纵深，也提供天道的视角。就像今天所讲“踹小孩”与“烹太公”这样的事，人情是一回事，天道又是一回事。人情该照顾到的，当然要照顾。可是当两者不能得兼时，就必须另具只眼，才不会一时间被自己的情绪给困住了。

最近我刚去一个小学做讲座，提醒听讲的老师，不要期待台湾的教育已经到了谷底。我敢断定：远远还没有走到谷底。简单讲，八个字：没有最差，只有更差。这是事实。大家得先接受这个事实，然后再来调整自己。否则，只会在不断期待不断落空之中滋生抱怨与不满，最后，就消磨掉对教育的所有热忱。我跟这些老师说：一般而言，小学老师的最大好处是认真、有责任感、特别守规矩。但是，小学老师最大的罩门，其实也是太认真、太有责任感以及太守规矩。尤其面对不断恶化的大环境，过度的认真、责任感以及守规矩，都很容易耗损所有的精力，最后把自己给活活困死。所以，大家必须学会调整。有些事值得做，当然要认真做；有些事没那么重要，就应该要敷衍了事、马马虎虎；至于某些做了无益甚至有害之事（教育部造的这种孽，还算少吗？），如果行政人员愿意配合，大家睁一只眼，闭一只眼，最好的情况，就是一块假装忘记，压根不做。等到有人提醒了，再故作无辜状：哦，对不起！我忘了。

谈“天人之际”，其实就是要学会拿捏这样的虚实。中华民族一向是个“天人之际”的民族。在乱世时，中国拥有全世界数量最庞大的顺民，每个都乖顺得不得了。可时间一到，譬如秦末，突然又天下皆反。一个个的顺民，仿佛瞬间都变成了刁民。这其实是“天人之际”的民族的智慧。情况不行了，就先“乖乖”当个顺民，既不力挽狂澜，也不整天抗议。这一二十年来，台湾许多人就被抗议这玩意儿给害惨了。刘邦当年，啥时抗议了？啥时想力挽狂澜了？事实上，许多事情要不就视若无睹、假装忘记，要不就慢慢等待，等时机一到，再来翻转。如果整天抗议，除了耗损能量，就只会加深自己的焦虑。坏的事物，从来都不会因抗议、对抗而获得解决。事实上，对抗不是中国人的思维，那是西方人的概念。台湾这些年来，不正因为“对抗”二字，才整个垮掉的吗？

第五堂课

在开始讲《留侯世家》之前，先谈谈前几回留下来的几个大问题。

第一，《项羽本纪》最后的“太史公曰”特别强调，项羽“身死东城，尚不觉寤”，这一点，很重要。上回不是有人问到读《史记》与安身立命的关系吗？我想，“觉寤”二字，大概就是关键吧！所谓觉悟，说白了，就是到了最后，你有没有真正搞清楚自己。这要说简单，也算简单；可真说麻烦，其实也够麻烦。

我有个老邻居，开民宿，几天前提起，她有几个客人是我的读者，想见个面，问方便否。我说：“不必吧！”这几年来，我比较朝减法的方向生活，事情可以不必，就尽量不必，因此我就婉拒了。婉拒之后，老邻居仍不死心。周五的一大早，就送来一盘碗粿，说要给小孩吃。我当然知道这“不怀好意”。可对方送东西来，还是得道个谢，我只好下楼招呼两句。聊了几句，她说道：“客人已经来了，您方不方便抽个时间？一下子就好。”我看了她一眼，无奈说道：“好吧，请你的客人过来吧！”

四位客人都是女士，六十岁上下，以前长住美国。

有一个化学博士，在美国教书，现在退休了，回台湾。她说，教了那么多年书，一路下来，忙学校，忙工作，忙家人，直至如今，小孩三十几岁了，才发现好像没为自己活过。我听罢，叹一口气：唉，你们这些人，都是没事找个词儿把自己给缠死。我现在最怕的话，叫作“为自己而活”；最头疼的词，叫作“爱自己”。我常说，老讲“爱自己”，最后的结果，可能就是没人爱。动不动就讲“找回自我”“为自己而活”，这本来就是西方概念，中国人不是这么活的。

二〇一二年九月，我在杭州，有位读者说道，她一直也想好好教养小孩，可是心想：如果花这么多时间教养小孩，会不会失去自我呀？我一听，忽然很想叫她去撞墙。我好笑又好气地问她：请问，什么叫作自我？你好好教小孩，不是自我吗？你跟家人相处，不叫自我吗？除此之外，还有什么才叫作自我？难道你在那边玩微信（台湾就是玩“脸书”，玩 LINE）的时候才叫自我吗？你玩微信，不是仍然在与人相处、与人应对吗？如果连这个也不是，难道只有在发呆的时候才叫自我吗？倘真如此，那你干脆当个植物人算了！

我跟她说道，不要被“自我”的观念给缠死了！如果真要说“自我”，很简单：就是做好每件事，开开心心，清清楚楚，这就叫自我。绝对没有脱离人与人的关系之外还有一个抽象的“自我”。如果往这方向想，最后只会困死自己。同样地，我也跟那个化学博士提醒，觉得一大把年纪了都没为自己活过，这完全是个伪命题，中国人压根不存在这问题。

什么叫作自我？中国其实不讲自我，讲“自己”。孔子说，“古之学者为己”。什么是“自己”？你清楚了，就是“自己”。不清楚，讲再多，做再多，都跟自己无关。太史公写到后头，特别强调项羽“身死东城，尚不觉寤”，就点出项羽的问题正在于一辈子没搞清楚过自己。项羽一辈子没有搞清楚过自己，那么，我们呢？这是读完《项羽本纪》之后，每个人都该问的问题。

第二点，上回提过，项羽有个较大的问题，是他的贵族出身；另一个更大的问题，则是他成名太早。正因如此，面对生命的起落时，他有种与平日的剽悍、叱咤风云完全不成比例的脆弱，才会有最后的乌江自刎。

这种脆弱，在当代社会追求成功的人士身上，也同样清楚可见。今年三月，孟谦邀我去台湾大学演讲，开场时，我特别提起，台湾大学这些年来，每年平均自杀一个学生；在座的戴老师在建中教书，建中这几年也几乎年年自杀一个。台湾大学与建中自杀比例如此之高，其实是可以拿来与项羽并参的，毕竟，他们的某些生命状态是接近的。将来我们读范蠡，范蠡就曾说过一句话，“久受尊名，不祥”。老被别人尊敬，那是不祥的。范蠡早先辅佐越王勾践，功成身退之后去了齐国，不久，齐王又聘他为相。对他而言，要名有名，要利有利，可两回却都在最高峰的时候幡然转身，撒手走人。他第二次走人时，撂下了这句话，“久受尊名，不祥”。别人尊敬你太多，名声太好，又持续太久，是件不祥之事。项羽，正是这样的不祥。

讲到这里，我想，在座各位有某些人可能在外头还蛮风光，但一回家，地位陡地却一落千丈，有此巨大反差，其实也未必是坏事。（底下好像有人在会心一笑，呵呵！）反之，如果你在外面叱咤风云，回到家，家人又把你捧得极高，没人敢惹你，从范蠡的角度看来，可能也未必是好事。我要讲的是，人生其实就是这回事。项羽如果不是贵族出身还好，如果不是那么早成名也还好，千万别两者同时存在。一踏入江湖，霎时就攀上了最顶峰；上得太快，下来就难啰！如此一来，他的人生就变成有上无下，生命该有的柔软度就没有了。我猜，大概虞姬也不会没事损损他吧！

记得那天和四位女士聊天时提到，之前我去乡里的一所小学演讲，开场说起这些年来我在大陆讲了逾百场，在台北也大概五六十场，但在台东县，这却是第一回。才讲完，两位女士就不约而同说道：啊，他们真是

“近庙欺神”！我说，倒不是，这只证明了：距离会造成美感。台北离我远，大陆离我更远，因此人们才会对我感兴趣。我是用相反方向来考虑这事。如果我老觉得：啊，你们都是“近庙欺神”。我想，很快我就会完蛋了。“久受尊名，不祥”，项羽正是被这给卡死的，我们也应该在这点上反复琢磨。

第三点，前面我们讲刘邦把惠帝、鲁元公主丢下车去，这事可成为一桩公案，就端看你怎么参。下课之后，孟谦问起，将来他到大学教书，面对更年轻一辈，普遍已失去志气的年轻人，该怎么办？我说，他们没志气，我们能怎么办？这十几年来，台湾的中老年人其实都消耗太多时间来为年轻人的没志气焦虑，关键是，这都是完全没能量的焦虑。记得上回席慕蓉老师带着殷允芃女士（《天下杂志》创办人）来我家，聊着聊着，殷女士对于台湾年轻人将来何去何从而忧心忡忡。说实话，当时我的回应，并不恰当；毕竟彼此不熟，她又不清楚我的语汇，所以我一讲完，殷女士的脸色就不太好看。当时我说：哎呀，小孩嘛，管他们去死！如果我跟各位讲这句话，因为你们已经上了五次课，熟悉这个脉络，可能会觉得：嗯，本该如此！顺着这个脉络，那天我跟孟谦说，有时确实要学学刘邦，该丢的，就要丢。现在的小孩没志气，结果又遇到一群超焦虑的家长与老师，换成我是小孩，可能就会觉得：干吗我要操心？反正，该操心的，都被你们操心完了。对不对？你们都操那么多心了，干吗我还要操心？事实上，孩子不太有机会知道他们的处境有多么艰难。别说吃苦，他们连危机意识都没有。长辈又死命地替他们操心，当然就更没有危机意识。至少，总要有机会让他们碰得鼻青脸肿。

台湾当然是在走下坡，这时，我们该怎么面对年轻人呢？简单说：请他们看着办！看着办，有两层意思：一、你就看我怎么活（因此，咱们有年纪的人就得更精神抖擞一些）；二、至于你自己的部分，自己走着瞧吧！你若有心，我们当然拉你一把；你若没心，拉倒！万一真的不行，必要时还可能一脚把你踹开。总而言之，就是要让他有点危机意识，别让他有恃无恐，觉得大人反正会替他操心。没那回事！

最后一点，今天这个时代，大家的事情都只会愈来愈多，愈来愈忙。这不是个人的特殊状况，而是时代病。正常情况下，事情必然就会不断堆、不断迭，大家都变得忙碌异常，甚至还会过劳。最重要的是，这忙碌绝大部分是没意义的。所以必要时，我们还真得学学刘邦，当个无赖。当然，对很多人而言，学刘邦是极大的痛苦。因为一辈子认真的人，让他要耍无赖，确实很难。这痛苦的程度，其实远超过无赖的人要变认真。但在这样的时代里，如果我们没办法做些调整，从刘邦身上获得某些启发，很容易就会被这时代给团团困住。

今天报纸不是才又报道，台大医院有不少医生都得了癌症吗？问题关键，不就在于他们比谁都忙吗？当然，他们可以找出很多理由说明自己的忙碌是很有价值、很有意义的，可是，这会不会只是给自己找的理由与借口呢？老实说，我从来就不相信，有多少事情当真伟大到可以牺牲自己的健康？尽管可以宣称为了社会，但我一听，总觉得：算了吧！别自欺欺人了！事情，当然我们得尽力，可实际该负的责任，却很少有我们想象中（或嘴巴所说）的那么大。这也是为什么刚刚提到，读者来见，我多半拒绝。毕竟，我没那么重要；再者，我也时间有限。我们的生命，都是何其有限。我们都应该学会聚焦，这才是重点。所以，算一算，今年我辞掉了三个专栏，更别说辞去了原来学校的工作。为什么要这样做呢？不就是聚焦吗！没有人是三头六臂的，每个人都是有限的，都只能抓几个重点。能在这些重点使得上力，那就万幸了。其他的，就别高估自己了。

我们讲“天人之际”，首先就是承认自己的有限性。天无限，人有限；我们每个人都是有限的，能做的事情都只有那么一点点，别高估自己，也别自我膨胀。先承认这点，才能在“有限”的基础上使上一点力气。否则，我们多半只能是瞎忙，忙些没啥用的事。可即便能使上力，也别觉得一定能做成什么。许多事，还得看看上天怎么安排。有些事是天意，不是我们想怎么着就能这么着，也不是努力就会有成果，那是两码子事。今天谈张良，就还会再碰到这一点。天下之事，有时得看因缘怎么转，看上天怎么安排，别老存心想改变什么。现代人会活得那么累，正因为大家老想要改变这个世界，结果，这世界却被我们改变得愈来愈糟。动不动就想改变世界，基本上，就是个贪念；因为，我们压根做不到；做不到，又老想，这不是贪念、非分之想，是啥？如果用我的话来讲，我连老婆都改变不了了，我还改变这个世界？！笑死人，对不对？在座各位，请老实承认：能够很轻松愉快改变你另一半的，请举手？（嘿嘿！很难吧！）大家想想：假使连密切如另一半都那么难以改变，又凭什么改变这个世界？太好笑了吧？！事实上，别说另一半，单单我们自己，又何尝轻易改变得了？连自己都改变不了，却把“改变世界”整天挂在嘴边，这问题是不是挺大的？我想，大家面对这些字眼时，大概都少了些该有的真实感，也模糊了应有的轻重。

当我们慢慢恢复真实感，也在真假虚实、轻重缓急之间更清晰一些时，就会越来越明白：人生确实有很多东西，该抛的，就得抛。当然，很多人都会说，要过“减法的人生”。“减法”一词，其实很好；但大家后来说久了，就变成陈腔滥调，口头禅似的。一旦变成口头禅，说了就等于白说。正因语言本来就变动不居，所以我们得学会用新瓶装旧酒。啥意思？人生的道理，说来讲去，不过就那几桩。哪天有人告诉你：他是第一个发现什么伟大人生道理的人，这人不是神棍，大概就是骗子。数千年来，翻来覆去，也不过就是那几个核心问题，可虽说如此，我们却可以用不一样的语言来说亘古不变的道理，可以用一罐罐的新瓶来装旧酒，如此一来，大家霎时都有了新鲜感。有新鲜感，才有真实感。像“减法生活”，本来极好，可讲久了，大家都没感觉，这时我们就来换个新词，譬如，我们开始用“抛法”，像刘邦这么抛，该丢的，就丢。人家骂我们没血没泪，就让他骂；我们只需搞清楚，我们要的，到底是什么。

刘邦跟项羽，我们讲了整整四个星期，虽然“依依不舍”，但终究仍需跟他们告别。呵呵！现在，我们开始讲张良。

好，看《留侯世家》。留侯张良者，其先韩人也。大父开地，相韩昭侯、宣惠王、襄哀王；父平，相厘王、悼惠王。他祖父跟父亲二人，曾在韩国担任五个国君的宰相，所以说，“五世相韩”。然后，悼惠王二十三年，平卒。张平去世之后又二十年，秦灭韩。当时，良年少，未宦事韩，张良还没有在韩为官。可因父祖的缘故，所以韩破，韩被秦击灭后，张良即使家僮三百人，家有仆佣三百人（这个数目蛮惊人的），却弟死不葬。为什么？因为要把所有的财产拿来求客、刺秦王，为了要买杀手，为韩报仇，以大父、父五世相韩故。三百个仆人，那他们家有多少钱啊？若用今天的算法，少说，几十亿财产吧！结果，弟弟死了不埋葬，就只为了复仇、买杀手。如此看来，这杀手可真是天价呀！得力士，为铁椎重百二十斤。这不是我们今天的百二十斤，当时的“斤”较小，大概两百多克，这“百二十斤”大概也就是二十几公斤。二十几公斤的铁椎奋力一甩，还是挺吓人的。

秦皇帝东游，良与客狙，击秦皇帝博浪沙中，误中副车。秦始皇坐哪辆车，没人料得准，运气不好，就会误中副车。秦皇帝大怒，大索天下，求贼甚急，为张良故也。从此，张良更名姓，亡匿下邳，就在下邳那地方过着亡命生活。然后，良尝闲从容，“从容”二字，可视为张良后来一生的关键词。在任何状态下，他的特征就是从容。步游下邳圯上。有一老父，衣褐至良所，直堕其履圯下。从这儿开始，就是大家熟悉的圯上老人的故事。大家读这一段时，首先会觉得黄石公这人厉害，其次也会在意《太公兵法》到底写了些什么。但我提醒大家，不必太管《太公兵法》写了些什么，那不算重要。如果大家读过兵法，就知道兵法的内容基本就是那样，差别不大。再说，张良贵族出身，家里五世相韩，家世如此显赫，真要弄一部兵法，有啥困难？故事的关键，不在于黄石公给了什么兵法，而在于黄石公给了张良什么启发。

大家仔细读这段，黄石公启发了张良什么？乍看之下，黄石公似乎啥也没说，无非就是一些不着边际的字眼——孺子，下取履（“娃娃，帮我把鞋子捡起来”）；履我（“娃娃，帮我穿鞋”）；孺子可教矣；后五日平明，与我会此。等过了五天，黄石公怒道：“娃娃，跟老人家相约，怎么可以晚到？”再过五天，黄石公又发怒：后，何也？去。曰，后五日复早来！到最后，张良夜未半就等着黄石公，等于提早一天到，这回，黄石公总算欣然言道：不错，这本书拿回去，读此则为王者师矣。黄石公传授了什么道理？没有。那么，到底是什么启发了张良？我想，恰恰因为黄石公没讲任何道理，启发才最大，才让张良的生命从最根底处打开了。

司马迁写张良，一开始先交代家世背景，再谈到秦灭韩后，张良下定决心复仇，即使弟弟死了，都不办丧礼，就只因为要倾全力去谋刺秦始皇。结果，博浪沙行动失败了，张良躲到下邳成为一个亡命之徒。显然，张良原是一个血气汹涌之人，类似荆轲那种性格，甚至还有那么一点匹夫之勇。这跟历史上极度淡定、高瞻远瞩的张良形象，距离非常遥远。这之间的转变，到底是怎么发生的？关键，就是黄石公。

张良碰见黄石公，看似偶然，其实不然。说白了，自张良“从容步游”以来，黄石公肯定已打量他好一阵子，觉得这年轻人可托重任，所以才决定进行一次“彻底”的教育。于是，我们看黄石公处处刁难，先故意把鞋子往下一掉，然后用轻蔑的口吻对张良说：孺子，下取履，接着，《史记》写了很重要的三个字，这三个字，估计大家很快扫过去，没太注意。但大家试想，张良原本血气那么汹涌，面对黄石公这“莫名其妙”的举动，会是怎么反应？也许，你会说：“哼！你有毛病呀，谁理你这死老头？”那么，显然你脾气比张良好得多，你可能也干不了暗杀这种事。张良脾气没那么好，当时的反应，据《史记》所载，是“欲殴之”。张良想揍黄石公。“欲殴之”三字，是关键。

后来我常说，别以为当一个真正的好老师有那么容易？！那是得冒风险的。如果张良果真一拳下去，黄石公的鼻子肯定就歪了；这下子，黄石公恐怕只能摸摸鼻子，自认倒霉，毕竟，神仙打鼓有时错，这回算他失算了。所幸，就在这时，张良不知道怎么（天意吧！），忽然忍住怒气，气一沉：算了，看他那么老，就帮忙捡了吧！于是，他有点勉强，不太情愿地捡了上来。紧接着，黄石公得寸进尺，又把脚伸出来，说道："娃娃，帮我穿上。"张良这时有点犯傻，似乎刚刚气一沉，来不及再发作，既然已经捡了，就干脆再帮着穿吧。

这时，黄石公如果继续藏着掖着，张良读不出讯息，这课大概也上不下去了。因此，张良跪着穿鞋时，黄石公就露了一手，突然对张良诡异一笑，若用传统小说的说法，这一笑，叫作"泄漏天机"。这笑，太丰富、太有内容了，张良又是何等聪明，于是就被这笑给镇住了。他突然意识到今天事有蹊跷，因此便瞬间惊醒。这震动与警醒，是整个教学过程的转折点。

黄石公看张良这小子已进入状态，便故意往前走了一段路，慢悠悠地，再来个回马枪。去里所，复还。张良站在原地，傻愣愣地望着黄石公离去的身影。如果黄石公从此走了，这戏就没得唱了，显然，他还会再回来的。但是，得先走一段路，再转回来，为什么？这样才能让张良琢磨片晌，让心里的悬念达到某个饱和点。所以，等他走回来，才又对张良说：孺子可教矣；后五日平明，与我会此。于是，就有后头那五天，再五天，又五天的故事。结果，打张良震动、警醒之后，后面的张良与一开场的血气汹汹，“欲殴之”，简直判若两人。他后来几乎是任由摆布，无论黄石公怎么“整”他，都甘心被“整”，变得啥脾气都没有了。

最后，我们再谈一下，为什么黄石公要一次次地让张良五天后再来呢？头一个五天后，张良天亮前到了，也算准时，也有诚意，这时黄石公直接把书给他，不就得了？为什么还要一而再，再而三地五天又五天呢？简单说，这就叫作“磨”。某些课程，确实得拉开一些时程，长度要够，时间要累积，才有办法由量变产生质变。所进行的教育，也才可能产生翻转生命的能量。如果第一次就给他，能量还不够，给了也是白给。因此得看看张良的状态，再磨几次，就像用砂纸反复磨那颗原本粗糙的心，就这样，前前后后，花了十五天，才把张良的状态磨平。

张良那么聪明的人，前后需要十五天，经过一个个状况的铺垫，总算把他原来的浮躁和冲动给磨掉了。那么，换成是我们，要磨掉一些根底的习气，磨得掉吗？如果磨得掉，又需要多久？短短十五天，我们办得到吗？如果我们身旁忽然有黄石公这种啥都没讲、啥都不教，却一下子碰到要害的“大师”，我们会猛然警醒吗？我们能虚心受教吗？

上完这门课，黄石公最后对张良说：读此则为王者师矣。黄石公这个预言很有意思，后来历史上最好的“王者师”，果然，就是张良。大家后面会看到，张良面对刘邦时是什么姿态？是一个臣子的姿态。刘邦对张良特别客气，有点把张良当作先生或是宾客看待，言语之间，并没有直接把张良视为臣子，可张良却不以一个老师的身份自居。绝对不会。这才是真正的王者师。

所谓“王者师”，不管如何，都还是在王者之下；王者对你敬重是一回事，自己恪遵分际则是另一回事。譬如诸葛亮跟刘备，那就是王者师跟王者的关系，那样的关系才是健康的。读书人再怎么了不起，毕竟没有王者真正开创的能力，别以为自己读了点书，知道些道理，就理所当然要享有最高的地位，那是读书人的傲慢跟自大。

从宋代之后，读书人这种傲慢变得明显。往好处看，钱穆所说的“士人精神”格外昂扬，读书人以天下为己任，有担当，有责任感，道德感也特别深。从负面来说，读书人开始有点上不着天，下不着地，一方面对王者有种高姿态，另一方面也慢慢与民间脱节。这种与民间的脱节，即使到了明代晚期反宋儒、强调性灵的那批人，也仍然没解决。这些读书人概念上以天下苍生为念，可真正跟“苍生”相处，却没有能力像刘邦那般相处融洽、浑然一体，甚至还可能心生嫌弃、多有不屑。

读书人跟民间的隔阂愈拉愈大，最后变成《易经》里面的否卦。《易经》的否卦，上天下地，天地否：天是天，地是地，两者无法往来。与否卦颠倒的，是地天泰：地在上，天在下，就是交流的状态。大家读《论语》，看得出孔子可以与一般人交流。张良等人，也都没有问题。可到了宋儒之后，就大有问题了。这样的否隔，可以部分解释“文革”的时候整个中国大地那股反知识分子的情绪，大家斗“臭老九”才有办法斗得那么起劲。就这一点而言，许多知识分子至今都未必能心平气和地照察得到。

相较而言，读书人跟王者的关系可能还更严重。宋儒之后，愈以天下为己任的读书人，就愈容易自居王者师，他们喜欢指点江山，也期待王者能以学生侍奉老师的姿态来面对他们。他们自认代表“道统”，王者则是“政统”；道高于政，所以理应更受尊敬。

这样的高姿态，程颐可算代表。他不是有一次教训了宋哲宗吗？此事后儒多半认可，甚至传为美谈。他们认为这才是师道尊严。因为道统“本来”就高于政统。这样的姿态，造成读书人跟王者关系的紧张。读书人越是高姿态，王者当然会越提防，甚至越想压压这班人。于是，就有后来朱元璋对读书人的极不尊重。早先读历史，总觉得朱元璋这人变态。后来才清楚，这其实只看到了一个面。任何事情，两个铜板才会响；显然，这跟读书人的某种特殊姿态是息息相关的。从这个角度去爬梳“文革”，就会发现，“文革”这十年固然是个劫难，但更该是个反省。

宋以后的读书人，看来志向愈来愈大，动不动就以天下为己任，动不动就“为天地立心，为生民立命，为往圣继绝学，为万世开太平”，愈讲愈伟大。可是我们得自问：这种伟大是真的“志气”呢，还是佛教所说的“颠倒梦想”呢？说实话，这两者看起来很像。因此，紧接着更重要的问题是：“志气”跟“颠倒梦想”到底要怎么区分？

最好的区分，就是看看那个人的生命状态。真正有志气的人，志气清坚，就容易清爽，有种喜气，人也明亮。而颠倒梦想的人，精神状态不那么透明，容易忧虑，容易患得患失。因为患得患失，所以容易气愤、容易激动，也容易慷慨激昂。一慷慨激昂起来，自己当真，别人也被感染，这时就特别容易被误以为是有志气。但这当然是两回事。

待会我们继续读下去，会看到张良生命状态的心静如水；听张良讲话，平平实实，好像也没啥慷慨激昂。刘邦要封他三万户，他只淡淡地推辞；刘邦即帝位后，他也没说要帮刘邦弄到“天下大治”，将来可上比尧舜之类的。在张良的口中，从没有一句伟大的话。可是一步一步，整个汉朝就在这么不动声色的情况下展开了。相较于儒者整天高喊“为万世开太平”之后，中国好像愈来愈不太平；而台湾也自从愈来愈多人慷慨激昂之后，日子反倒愈来愈不安稳了。两相对比，特别有意思。

继续往下看，后十年兴，十年后你会出山，十三年，孺子见我。济北谷城山下黄石，即我矣。十三年后，你在济北谷城山下看到的黄石，那就是我。然后，故事结束：遂去，无他言，不复见。

再下来，旦日视其书，乃太公兵法也。良因异之，后来就常习诵读之。居下邳，为任侠。项伯常（这“常”不是经常，而是曾经的“尝”）杀人，从良匿。又一个跑路的，项伯。项伯曾经杀人，亡命之后，投靠张良。张良自己亡命，另一个亡命之徒却跑来投靠他，这很有趣。正因项伯跟张良有此渊源，才有后来鸿门宴的故事。

后十年（正如黄石公所预言），陈涉等起兵。良亦聚少年百余人。这是当时普遍的情况。之前我说过，每逢劫难之时，中国历史有最多的顺民。传统中国的思考与现代的公民运动恰恰颠倒：公民运动是遇到任何不对之事，就起来抗议，伸张权益。这不是中国的做法。中国人一向是：遇到麻烦时，我们先卖个乖，当个顺民。顺民是表面上顺，骨子里却不是那回事。一旦达到了某个饱和点，中国人造反的能量也是所有文明中最高的。中国人通常是表面上顺应你，实际则看着办。这是我们历史一直有的弹性。我们每个人面对生活时，其实也要保有这种弹性，别整天没事去抗议，那是跟自己过不去。抗议不是解决问题的好办法，只会消耗自己的能量。

话说回来，连张良这样的人，都聚集百来人起兵，可见当时天下群起而反的，还真是难计其数。其中，有个景驹自立为楚假（假就是代理）王在留，景驹在"留"自立为王，张良打算投靠他，结果，还没见到景驹，却在留地道遇沛公，路上遇到了刘邦。当时刘邦带领着几千人，略地下邳西，攻打下邳以西之地。两人相遇之后，张良遂属焉，就归顺了刘邦。沛公拜张良为厩将，厩将就是管马车的，大概是"车辆官"。良数以太公兵法说沛公，沛公善之，常用其策。良为他人言，皆不省。同样的事，张良跟别人说，别人都无法领会；可跟刘邦讲，刘邦却一听就懂。所以，张良讲了一句很关键的话：沛公殆天授。他说，刘邦真是个天才，他那种善听、瞬间解悟的能力，根本是上天授予的。

刘邦的厉害，在于没遇过、不清楚的状况，但凡听明白的人一说，马上，他也就明白了。一方面，他可以当下转换；另一方面，他也能瞬间融入对方。这是天分，既不靠逻辑思考，也不靠知识累积；知识与逻辑对此完全没帮助。就瞬间融入的本领而言，毛泽东其实蛮像刘邦，都是打天下之人。毛泽东年轻时，曾有一次跟同学未带分钱去游湖南一圈。不带钱怎么游呢？就当叫花子乞讨。结果，他同学是书香世家，去乞讨时，都还要整整衣领，干咳几声；至于毛，就没这问题，可当下融入那个情境。所以，毛可以打得了天下。就这点而言，你让刘邦去演叫花子，肯定也可以演得很好，他没这个障碍。我们都会有障碍，所以我们打不了天下。

刘邦因为不读书，所以听张良一讲，像面镜子一样，当下就可以映照得清清楚楚。所以，在座读书甚多的，得警惕自己，千万别偏执。一个人书读多了，如果能越来越柔软，这就叫“修得正果”。但这很难。通常反倒是读书越多越偏执。我的意思，当然不是说不读书，而是说，开卷其实未必有益。任何事物，必然利弊互见，天底下没有哪条路是毫无问题的康庄大道。自清末以来，许多中国读书人都在追求一个可以长治久安、彻底跳脱一治一乱循环的制度，唉！真是一群书呆子。天底下哪有这么好康（台湾口语，幸福的意思）的事？哪有一个东西是永远不坏的？大家看秦始皇跟汉武帝求长生不老之药，都知道要笑他们；但要找个长治久安、不再有治乱循环的制度，难道不是同样的思维吗？天下的事物，有成就有毁，有好就有坏。真要找个永远不坏的东西，那就是“塑料袋”。正因不坏，所以才变成最大的公害。今天我们以为“民主”可以长治久安，到头来，会不会也成了另一种公害？

好，张良在“留”遇到了刘邦，从此双方的缘分就此确定。这因缘之特殊，在于一交手双方就清楚看出了对方的程度。“良为他人言，皆不省”，可刘邦一听，却立刻听出张良有多厉害。反过来说，很多人（尤其读书人）不是看刘邦都会觉得很讨厌吗？可在张良眼里，刘邦是天才呀！到了某个层次的人，彼此一望，啥就都明白了。层次不到，只好嫌东嫌西，那也是没办法的事。

后来，张良随着刘邦进咸阳，这事提过，现在再详谈一下。第八页倒数第三行，秦王子婴降沛公。沛公进了咸阳，入秦宫，一看，宫室帷帐、狗马重宝、妇女以千数，霎时眼花缭乱、意乱情迷，就意欲留居之，想在皇宫享受享受。这时，有人赶紧劝阻他，这人是谁？是樊哙。大家知道，樊哙屠狗，正如张飞杀猪，这种人常常特别重义气。但重义气的樊哙，在这关键时刻，脑袋却是异常清晰。一般屠狗之辈进了咸阳，看大哥都已经要去享受了，他们当然也赶紧见识见识。可樊哙却在这时候猛踩刹车，这一方面是他的胆气，另一方面也是他的见识。这时，张良多半不会是第一个开口的人。他不敢为天下先，常常会是第二个；得先看一下形势，再决定该不该说。樊哙就不管这么多；毕竟，他是屠狗之辈，跟刘邦又是哥儿们，哪可能一句话考虑半天？结果，樊哙谏沛公出舍，沛公不听。这时，张良接着就说了一段话，希望沛公以大局为重，离开咸阳，重回霸上；这回，刘邦就听进去了。

同样地，后来讨论定都关中时，第一个劝刘邦的，也不是张良，而是娄敬（刘敬）。娄敬一说，刘邦不予采纳；可张良再说，这事就成了。张良说话之所以如此有分量，一来是因张良说话有条理，善于说出一个所以然来（樊哙肯定没办法讲得那么清晰明白）；二来是有前者的铺垫，容易汇集能量；三来也在于张良会抓时间点，谋定而后动，正如当年黄石公教诲他的一般。

后来，沛公离开咸阳，还军霸上。不多久，就是鸿门宴。早先刘邦关闭了函谷关，不让诸侯进来，以为如此就能据有秦地。结果，项羽一到函谷关，当然大怒，欲击沛公。项伯乃夜驰入沛公军。项伯因与张良素有交情，急忙连夜赶来通报，要张良速速离去，别再管刘邦。张良不肯，说他为韩王送沛公。今事有急，亡去不义。张良不肯走，反而把事情告诉了沛公，乃具以语沛公。沛公大惊，曰：“为将奈何？”张良言道：沛公诚欲倍项羽邪？你真要背叛项羽吗？换句话说，你有这实力吗？沛公答道：鲰生（“鲰生”不是姓鲰的先生，而是一个竖仔；“鲰”，小鱼；“鲰生”是指格局渺小之人）教我，有个竖仔对我说，距关无内诸侯，秦地可尽王。故听之。张良接着问：沛公自度，能却项羽乎？摸摸良心说，您抵抗得了项羽吗？沛公默然，良久曰：“固不能也。”刘邦不讲话，隔了许久，才说：真没办法！

看一下旁边的考证：“良久”二字，见沛公沉思之状，而《汉书》删之。后来《汉书》把“良久”二字给删掉了，删掉之后，就显得无趣。在许多关键的地方，刘邦常常就闷不吭声，因为，说不出话来。可隔了很久，还是会承认现实，不硬拗，也不会有情绪反弹。但需要点时间，要有个过程。

接着，刘邦请张良把项伯找来，结为亲家。后来便有鸿门宴，第十小页倒数第一行，沛公为汉王，王巴蜀，汉王赐良金百镒、珠二斗。良具以献项伯。鸿门宴结束后不久，项羽号令天下，刘邦受封汉王，赏张良金百镒、珠二斗。张良完全没留下来，左手来，右手去，全部转送给项伯。从此，项伯总在关键时候帮刘邦说说话，这显然跟张良不着痕迹的安排有关。随后，汉王亦因令良厚遗项伯，使请汉中地。项王乃许之，遂得汉中地。项羽本来只给四川，因项伯的关说，又多封了刘邦汉中。这影响极大，如果只封巴蜀，进关中就得先入汉中，再打关中，这难度极高。大家知道，“蜀道难，难于上青天”，大部队要入蜀、出蜀，都极费事。可一旦取得汉中，就少掉了大半麻烦。结果，汉王之国，良送至褒中，遣良归韩。项羽分封之后，刘邦赴汉中就任，张良一路相送。送到了褒中，刘邦让张良回返韩国，这时，良因说汉王曰：“王何不烧绝所过栈道，示天下无还心，以固项王意。”您何不将路上的栈道都给烧了，这么一来，大家知道您死心塌地去了汉中，无意回返关中，项羽自然就不再有防备之心了。

正因张良这计策，后来齐、赵造反，项羽没太多顾虑，直接往北打，才给了刘邦乘虚而入的机会。再下来，刘邦打天下的过程，张良在旁的运筹帷幄我们就不详细讲，现跳到十八小页第二行。汉六年正月，封功臣。刘邦统一了天下，开始分封。张良虽然未尝有战斗功，但是，高帝曰：“运筹策帷帐中，决胜千里外，子房功也。自择齐三万户。”子房你运筹帷幄、决胜千里，如此大功，就在齐地挑个三万户以为食邑吧！

当时论战功，公认曹参第一；曹参所封，就是一万零六百户。张良不仅三万户，而且还是最富庶的齐地。刘邦这开口，当然惊人，可重点不在这儿，是接下来的张良反应。良曰：始，一开始，臣起下邳，与上会留，我从下邳起兵，在留与陛下不期而遇，此天以臣授陛下。这话说得多好，对不对？是上天把我送给了陛下。陛下用臣计，幸而时中，是呀！有时不过侥幸，不小心说对了。臣愿封留足矣，不敢当三万户。请皇上封我“留”就好（刘邦曾见曲逆人口繁盛，只逊于洛阳，便封给陈平；后来一问，经秦末兵乱，曲逆当时也只剩五千户。由此推之，“留”至多也就三四千户），至于三万户，我是万万不敢当。为什么封“留”？那是我与皇上相遇的地方呀！唉，多感人呀！口气像定情之地似的。大家想想，这样子的人说这样的话，刘邦会猜忌他才怪。换成是我们，听这番话，肯定要感动的。

张良一向淡泊，没啥权力欲，这与他的贵族出身息息相关。一个人出身贵族，若论缺点，大概就像项羽那样被面子与身段困住；若论优点，则是张良这样的不忮不求。对他而言，荣华富贵，什么没看过？他不会像刘邦底下那帮人，为了封多封少，整天吵吵闹闹。在张良眼里，多封少封，反正就是那么一回事。就好比那天我七点多去买鸡肉，老板娘问道：老师你这么早？是不是又出新书，高兴到整夜睡不着觉?！我笑着说：现在出新书，哪有可能睡不着觉？如果第一本，兴奋一下，还有话说；现在那么多本了，怎么可能会睡不着觉?！同理，张良这种人哪里还会在意分封多少？事实上，任何出身都会有利有弊，人不必自我感觉良好，也不必自我武装。对我们而言，都应该学会看到跟我们不一样背景的人的好处。这是很大的学习。像我们这种寒微出身的人，在张良身上，就可以看到世家子弟最好的一种人格质地。

接着，张良与萧何等俱封。到了汉六年，上已封大功臣二十余人，其余，日夜争功不决。大家看，就是这些没见过世面的，还吵着呢！未得行封。为什么没办法那么快封呢？毕竟，封得太快，容易计较纠纷，引来不平，还是得从长计议，这确实蛮复杂的。结果，上在雒阳南宫，刘邦还在洛阳时，在皇宫中从复道望见诸将往往相与坐沙中语。刘邦就问张良：此何语？他们在说什么？留侯曰：陛下不知乎？此谋反耳。张良这话是真是假？我想，是真的可能性不大，多多少少，是在危言耸听。毕竟，坐在那边谋反，不太可能吧！有这种谋反方式吗？又不是办家家酒。

可是，张良为什么这么讲？先往下看。上曰：天下属安定，何故反乎？刘邦说，天下都已经平定了，他们为什么还要造反呢？留侯曰：陛下起布衣，以此属取天下，您布衣出身，是凭借着这帮人才取得了天下。今陛下为天子，而所封皆萧、曹故人所亲爱，而所诛者皆生平所仇怨。今军吏计功，以天下不足遍封，这些军吏估摸着，天下就那么大，不可能每个人都封得了，此属畏陛下不能尽封，恐又见疑平生过失及诛，故即相聚谋反耳。他们算一算，要封，轮不到他们，可早先又曾经有过失甚至还得罪过陛下，搞不好，最后反落个罪名被杀。他们不愿坐以待毙，才因此聚在一起商议谋反呀！上乃忧曰：为之奈何？刘邦忧心地问道：那怎么办？留侯曰：上平生所憎，群臣所共知，谁最甚者？张良反问：您生平最憎恨的，大家熟知的是谁？

刘邦答道：雍齿与我故，数尝窘辱我。我欲杀之，为其功多，故不忍。早先他们往来之时，雍齿就常常窘辱他。为什么？刘邦本来就吊儿郎当，当然有人也会这样对付他。雍齿不客气，有好几次窘辱他，所以刘邦蛮恨雍齿的。再加上刘邦老家是沛县丰邑，当年一起兵，雍齿占领了丰，后来却投靠魏，还带着丰邑百姓跟刘邦打擂台。等于刘邦一起兵，雍齿就造他的反。留侯一听，心想，这好办，遂曰："今急先封雍齿，以示群臣。群臣见雍齿封，则人人自坚矣。"刘邦立刻照办，于是，上乃置酒，封雍齿为什方侯，同时，急趣丞相、御史定功行封，催促丞相、御史大夫赶紧论功行封。群臣罢酒，大家参加完雍齿的封侯酒宴之后，皆喜曰："雍齿尚为侯，我属无患矣。"

刚刚言道，真说那帮人要准备造反，恐怕是言过其实。但张良为啥这么说？其实，这就是“消弭于无形”。换言之，说造反，那是假的；可人心浮动，却是真的。浮动不安若过了临界点，就难保不会出事。恰好刘邦问起，张良便趁这个势，借力使力，将隐而未发的问题给解决了。雍齿一封，大家心就安了。这么大的隐患，张良一开口，就轻易消弭于无形。这是大本事呀！

再来，二十一小页倒数第二行，留侯从入关。刘邦迁都关中后，留侯跟着入关。留侯性多病，即道引不食谷。他本来多病，因此开始学道家的导引、辟谷。我这几年接触一些大陆朋友，不少人都辟谷过，有的七天，有的十天，有的更久。只要有行家指导，成效都不错。从这时开始，张良已开始淡出，但他没像范蠡一样头也不回，立马走人地决绝，为什么？理由很简单：刘邦跟勾践不一样，他们是很不一样的人。同时，张良也知道，他还可以再帮刘邦一些忙；但无论如何，根本说来，他是开始淡出了。所以，封留侯，可；但是，三万户，否。跟刘邦一块入关，可；但身体一向不好的他，要开始学仙了。张良慢慢转身而去。最后的临去秋波，是关于太子的废立。

刘邦晚年，一直看惠帝不顺眼。惠帝仁弱，跟刘邦的性格反差太大。一来是刘邦不喜，二则也忧虑将来会挑不起重任。同时，刘邦又宠爱戚夫人，觉得所生的赵王如意更像自己一些。因此，一直有更换太子的念头。历朝历代，开国皇帝之后的接班问题，一直很麻烦。大家不知道有无留意过：中国自周代以后，仔细算来，几乎每个开国君主之后的第二个皇帝总会出些大状况。那是非常伤脑筋的问题。大树底下，不管哪儿，总是一片阴影。这问题之棘手，还牵涉到开国功臣。总之，刘邦不满惠帝，想换太子，这不仅事关惠帝，还牵涉到吕后。毕竟，一旦惠帝被废，将来母子二人恐怕连性命都难保。精明干练如吕后，当然不可能坐以待毙，于是就叫她的兄弟吕泽劫持留侯，逼张良出计策。吕后相信，聪明如张良，肯定会有法子。

但张良听了一听，摇摇头，这种骨肉之事，旁人说不上话，所以，二十二小页第七行，留侯曰：此难以口舌争也。嘴巴说没用，这根本是情感之事，再多的道理都无效。可是，吕泽逼他非出个点子不可，所以张良才说，上有不能致者，天下有四人，当今天下，有四个皇上搞不定的人，亦即商山四皓。那四个七八十岁的老先生，德高望重，皇上曾想征召他们，却遭到拒绝；因为老先生看不惯皇上，皆以为上慢侮人，故逃匿山中，义不为汉臣。这事皇上蛮在意的，如果你们有办法无爱金玉璧帛，令太子为书，卑辞安车，把商山四皓请来，那就可能有所帮助。后来，吕泽果真请来了商山四皓。

不多久，黥布造反，刘邦病重，原拟指派太子去攻打黥布。一听此事，商山四皓知道事态严重：太子本来仁弱，非领兵之才；底下那群功臣，个个豺狼虎豹，辈分又比他高，很难驾驭得了。一旦战败，声望骤降，太子地位就更岌岌可危。即使侥幸获胜，对太子也没任何实质帮助。因此，吕后承闲为上泣涕而言，吕后就跑去刘邦那边哭哭啼啼，刘邦一听，骂道：吾惟竖子固不足遣，而公自行耳。我就知道，那个卒仔（台湾方言，意思是外表很强悍，实际很胆小）根本不行，老子我（恁公）自己去！

刘邦当时病得很重，出兵几乎是抬着去的，大部分时间就躺在车上，但还是可以做决策。因为皇上御驾亲征，文武百官都送到霸上。二十六小页第三行，留侯病重，也撑着病体相送，对刘邦说：臣宜从，按理说，我应该跟随陛下，可是病甚，我也病得严重。楚人剽疾，愿上无与楚人争锋。陛下别和黥布硬碰硬。重点在后面，因说上曰：令太子为将军，监关中兵。张良请刘邦令太子当上将军，关中的军队由他监护。这时刘邦接了一句话：子房虽病，强卧而傅太子。你虽然病重，还是勉强帮我照料一下太子吧！

是时，这时候，叔孙通为太傅，留侯行少傅事。张良因为病重，挂名少傅，可以多少照看一下太子。汉十二年，上从击破布军归，疾益甚，愈欲易太子。刘邦讨伐黥布归来后，病情益加严重，自知不久人世，更换太子的决心就更为强烈。这时，留侯谏，不听。我们第一次看到张良如此吃瘪。看来，此事确非口舌所能争。刘邦不听，留侯因疾不视事，张良知道再说也没用，就开始请病假，暂时不管这事了。结果，叔孙太傅，就是叔孙通，称说引古今，以死争太子。叔孙通身为太傅，有责任据理力争，于是引古论今，讲了一堆道理，甚至还以死相拼，无论如何都要保住太子。结果，上详（详就是佯）许之，因为叔孙通句句在理，又极度激烈，刘邦说不过他，也惹不起他，就假装听他的，可是，刘邦终究不死心，犹欲易之。

最后，一回刘邦宴会，太子身旁站着商山四皓。四人须眉皓白，衣冠甚伟，个个相貌非凡。刘邦看了诧异，问四人是谁。听说是商山四皓，刘邦吓一大跳。这才“发现”，原来太子羽翼已丰，名望高到连他搞不定的商山四皓都愿意侍立一旁。商山四皓还明白言道，陛下轻士善骂，臣等义不受辱，故恐而亡匿；然而，闻太子为人，仁孝恭敬爱士，天下莫不延颈欲为太子死者。太子既然羽翼已丰，刘邦这时再行更换，岂不动摇国本，拿大汉江山开玩笑吗？高祖这才“发觉”，大势去矣。所以，指着商山四皓离去的身影，对戚夫人说：我欲易之，彼四人辅之，羽翼已成，难动矣！如此看来，吕后真而主矣，吕后就是你的主人，这已无法逆转了。

这时，戚夫人泣，刘邦看着她哭，一时也说不出话来，隔了片晌，上曰：为我楚舞，吾为若楚歌。刘邦惨然歌曰：鸿鹄高飞，一举千里。羽翮已就，横绝四海。横绝四海，当可奈何。虽有矰缴，尚安所施！鸿鹄既然已能横绝四海，纵使有了“矰缴”，又有何用呢？（“矰”是专门射鸟的弓箭，“缴”是箭后所绑的丝带。射鸟之后，得有一条“缴”线，才能循线找到鸟儿。）歌数阕，戚夫人嘘唏流涕，上起去，罢酒。喧腾多时的废立太子，到此，尘埃落定。竟不易太子者，留侯本招此四人之力也。

这事自始至终，张良其实也没做啥，不过，就是提了个建议。但也就这一个建议，事情整个翻转了。这里面，有人力，也有天意。张良自己能料得准最后的翻转吗？说实话，张良再怎么神，大概也还是有那么些说不准。这事只能尽人事，听天命。天人之际，得从这角度来看。许多事情做了，固然可以期待结果；但更多时候，还是得少些期待，多些顺其自然。毕竟，人不可以目中无人，也不应该目中无天。我们目中有天，就知道事情不是努力了就该有成果；人只能尽力，至于成不成，在天。如果天意注定惠帝活该被换，那也只能被换。我们就尽尽人事罢了。唯有如此，在天人之间，才能够有一个平衡。否则，人越是努力，生命常常就越焦虑。这焦虑的本质，是因为目中无天。也就是这个缘故，孔子说，“君子有三畏”，其中之一，就是畏“天命”。

接着，看“太史公曰”，第三十小页，太史公曰：学者多言无鬼神，然言有物。至如留侯所见老父予书，亦可怪矣。司马迁讲得很好，他只说：唉，这件事挺奇怪呢！至于到底有没有？是真还是假？他始终也没说清楚。这跟孔子的“敬鬼神而远之”“祭神如神在”是同一种态度。很模糊，但是，也很健康。然后，高祖离困者数矣，而留侯常有功力焉，岂可谓非天乎？刘邦好几次脱困，都是因张良之功，可是，这难道不也是天意吗？刚刚讲了，这不是张良说了算，也不是他尽力就可以做得到。这里头还有非常多的条件、非常多不可思议的因缘具足，才会有这样的结果。这因缘的汇集，就是属于天的部分。人不能贪天之功，把功劳都揽到身上。

最后，上曰，刘邦说：夫运筹策帷帐之中，决胜千里外，吾不如子房。听高祖这么说，余以为其人计魁梧奇伟，我直觉这么一个能决胜千里之外的人，应该长得很魁梧而奇伟。可是，至见其图，当我看到他的画像时，却发现状貌如妇人好女，长得很秀气，简直就像个女人。盖孔子曰："以貌取人，失之子羽。"留侯亦云。当初孔子说他以貌取人，失之子羽；现在，我以貌取人，也把留侯看走了眼。张良长得像"妇人好女"，这非常有意思。他之所以会那么谦退，之所以常常以柔弱的姿态示人，还包括从来不会让人疑忌，这都跟他生命那种阴性的特质息息相关。张良是一个非常神奇的人，非常有趣。

另外，读张良的时候，也不妨和《越王勾践世家》里的范蠡并参。范蠡离开越国到齐国以后，齐人闻其贤，以为相。这个"以为相"到底是真的已经找他当相国，还是要去聘他？我们不清楚，但重点在于范蠡后来的感慨、他的回应。他说："居家则致千金，居官则至卿相，此布衣之极也。久受尊名，不祥。"这段话非常经典。他在家里待着，也致千金，然后当官也当到卿相，一介布衣最极致也就是这样了。"布衣之极也"这句话很眼熟，张良也提过这件事。

张良跟范蠡一样，有一条非常清楚的线索，他们两个太像了。他们所代表的是整个中国文明非常重要的一条主轴，就是黄老的传统。这恰恰跟儒家的传统一起形成中国两个最重要的、彼此互补的主流。黄老跟儒家是合则两美，离则两伤。宋儒之后最大的问题就是宋儒过度强调儒家，把黄老给摒除在外，中国文化才开始衰落。如果这两者能够互相影响、互相欣赏、互相补足，那就是好事。

在范蠡的身上，我们可以看到极度鲜明的黄老思想。黄老的第一个特色，就是他们会讲类似“此布衣之极也”这样的话。黄老有一种很特殊的能力，就是懂得踩刹车，知道什么时机该停止，甚至什么时机该转弯。因此，黄老特别懂得功成身退，某个时机点过了，你就该退。要退、要转的一个基本前提是要先踩刹车。大家都知道，车子在跑，大转弯之前，要先减速。不减速就转弯，会翻车。这是黄老非常非常重要的一个智慧。他说“布衣之极也”，他告诉你的就是：这个够了，我要踩刹车了，这个时候我才能转弯。

有一天下午，王镇华先生跟我见面，我在他家从三点半聊到差不多八点半，王老师昨天谈的很重要的一点就是，他觉得目前全世界有个集体的大问题，就是没有办法“止”，踩不住刹车。尤其整个西方的架构，不仅踩不了刹车，还永远在加速前进，明明前面已经是山壁了，还一直在踩油门。这时候回头去看黄老，包括儒家，包括佛教，其实都在教大家这个“止”。这样的智慧，如果在我们这个时代没办法结合现实的制度、现实的政治力的话，这个世界其实只会完蛋。

这门课时常会岔出去讲，其实也是，在读这些东西的时候，你只要有一点现实感，你就必须要去响应这些问题。你看到范蠡、张良他们这样的人，他们在很多关键时刻踩刹车，然后大转弯，这就是我们今天最欠缺的。可是关于这一点，我和很多谈中国文化的人比较不一样的地方就是，这不是每天我们来跟别人谈道、谈德、谈主体就能解决的，谈道、谈德、谈主体是好的，是对的，这没有问题，可是这必须要结合一个现实的架构、结合一个现实的造型、结合一个现实的制度，它是需要有政治力的。如果没有结合这个，这些东西都是白谈。当然，话说回来，政治力必须要再回到儒释道的这个根本，这个政治力才不会变成助纣为虐。但我觉得，现在谈儒释道的人，似乎都比较偏废，比较没去照顾到这一层，那在谈的人就会始终觉得好像隔了一层，有一些关键的点会搔不到。

所以我特别跟王老师讲一件事情，就是现在大家在谈中国文化，最后不管是台湾还是大陆都一样，最后要回到把整个中国文化作为根本，西方的东西作为参考。这一点他们都能够承认。既然是如此，为什么政治不是这样呢？政治也必须要以中国为主体，就是我一直强调的，中国有中国的制衡之道。讲到“制衡”，脑袋里面不能只有三权分立，制衡有很多种，在这门课提得最多的例子，就是刘邦跟惠帝的废太子的问题，中国有中国的制衡。怎样让中国的“理”重新扮演制衡的角色；包括唐代的三省六部制度，怎样重新扮演这样一个平衡的角色；包括以前的御史制度，包括汉文帝那种对于天象异化的态度，那是另一种制衡。你认真去想、认真去看，中国有非常多制衡的方法。这些当然不能照单全收，但是这些的参考价值不会低于所谓的三权分立。今天我们弄三权分立，弄到后来我们必须承认一件事情，就是会变成今天的立法院那个样子。立法院那样哪里是在制衡，到底谁制衡谁？根本就是绑架。你看美国的任何一个财团都可以轻易地买通多少国会议员，这是事实，可是大家就是不愿意承认。所谓三权分立说白了就是这么一回事，你看希拉里后面有多少财团的力量。大家必须要承认，这是一个事实。

如果你在这样的架构里面，它就是永远不愿意踩刹车，它就是要拼命踩油门、拼命刺激消费，以壮大资本主义的力量。但是像范蠡，儒释道三家的刹车系统，它没办法建立在这样的架构下，这一层是所有谈中国文化的人不能回避的一个关键问题。

今天就讲到这里。

第六堂课

好，今天我们看陈平。对于陈平，大家可能不太熟，但我对他很有好感。之所以喜欢他，一方面是因他有趣，另一方面也因为他形象很差。我觉得像马英九那种过分爱惜羽毛的人，不妨多读读陈平。

陈丞相平者，阳武户牖乡人也。陈平，是户牖人，刘邦后来就曾封他为户牖侯。少时家贫，好读书。有田三十亩，独与兄伯居。伯常耕田，纵平使游学。他虽然有三十亩的田，但都由老哥代耕。他老哥，就是这里的“兄伯”。上回讲《高祖本纪》提过，“伯”不是名字，而是“老大”。当时在户牖乡，大家喊陈平的老哥，应该就是“陈大”，或者“陈大郎”。至于他叫什么名字？不知道。就好像我们只知道有个人叫武大郎，但多半不清楚他的真实名字是什么；因为不重要。至于武二郎，如果不是打了老虎，又跑到梁山，大家可能也不知道他叫武松。

说起武二，顺便提件事。大家知道，武松是哪一省人？山东。山东的老乡有个说法，说他们有三个最令人景仰的老二。排行第一的，就是武老二，武松。排第二呢？秦老二，秦琼，秦叔宝。至于排第三的，则是孔老二，孔老夫子。这是民间的位序，很有意思。我们在受教育的过程中，太习惯读书人的单一视角，其实，民间还有另一套位序。且不论谁是谁非，但肯定民间有其道理。就像我住的池上南边的关山有座天后宫，主祀的，当然是妈祖；至于右边陪祀的，则有两尊神明。一尊是关羽，居主位；另一尊远看像关羽书童似的，是谁？孔老夫子。这也是民间的位序。我觉得挺好，虽然儒生多半会觉得这对孔子不敬。

关山天后宫算是很特殊了，一般的庙宇，压根就很少有孔子像。大家有没有觉得，后来的孔子是挺寂寞的；老人家就只住孔庙里，可大部分的孔庙又都很冷清。这回能在关山的天后宫有着如此"一席之地"，其实蛮好，毕竟天后宫香火缭绕，充满人间烟火。孔子这么有淑世理想、这么深具人间性，能每天站在关羽身旁，陪着妈祖娘娘共同接受万民的香火，看来似乎有点"不伦不类"，但还是有份民间的好意。同样地，《史记》有别于后代的史书，正在于司马迁掌握得到民间那份心意。所以《史记》能出入雅俗，接地气，所以气象才会特别宏大。

再回头说，陈平的大哥帮他耕田，放任陈平自由去游学。平为人长美色。这"长"之下，漏了一个"大"，长大美色，长得又高又大又很帅。简单讲，相貌堂堂。

结果，人或谓陈平曰：贫何食而肥若是？有人就问陈平：你们家那么穷，到底你是吃啥，怎么有办法那么肥美？在食物匮乏的古代，“肥”是一个赞美之词，毕竟，要肥不容易呀！别说古代，当年我第一次去北京，满北京城也看不见几个胖子。当然，现在北京处处都是胖子了。

别人这么一问，其嫂嫉平之不视家生产，他嫂子因小叔不事生产（跟刘邦一样），一向看陈平不顺眼，于是就冷冷地说了一句：亦食糠核耳，反正，他不就是吃糠吗？接着又补上一句：有叔如此，不如无有，有这样的小叔，还真不如没有。结果，他老哥闻之，逐其妇而弃之。这样的事，在现代应该是不可能发生了。不过，说实话，这种挺弟弟的方式还真是特殊。像这么“好”的哥哥，后来我还知道一个，是谁？孙文的哥哥。大家知道，孙文也是不事生产，每次革命，就向哥哥伸手，他哥哥在夏威夷畜牧，于是只好又卖掉几百头牛。几乎每回，都是无条件、无怨无悔地支持他弟弟。这味道和陈“伯”挺像。当然，孙“伯”没把老婆给赶走。

及平长，可娶妻，富人莫肯与者，贫者平亦耻之。陈平为了做番事业、伸展抱负，一定要娶个有钱的。穷的他看不起，可富的也没人愿意嫁他。久之，户牖当地有个富人，名叫张负。张负有个孙女，很“厉害”，五嫁而夫辄死，结了五次婚，丈夫全都死了。人莫敢娶。换成各位，你敢娶吗？呵呵！可偏偏平欲得之。这很绝，别人都不敢娶，陈平偏偏就要。我告诉大家，陈平如果是个忠厚老实的人，一旦娶了张负的孙女，大概的结局，就会是此女"'六嫁'而夫辄死"。可是，陈平这人太破格，完全是不按牌理出牌的人，娶这种太太，反倒是大吉大利。真是这样呀！有道是：负负得正。什么样的人就得遇到怎么样之人。《易经》说阴阳，天下之事本来就没有绝对的好或坏，就看摆在什么样的处境。像张负的孙女，如果没有前面的"丰功伟业"，后来陈平娶她之后，大概也不会那么发达。这非常有趣。他们这种搭配，叫作"天作之合"；多多少少，是有些天意的。

邑中有丧，平贫侍丧，以先往后罢为助。陈平没固定收入，常去丧家帮忙，算是打打零工。为什么到丧家打零工呢？因为古代特别重视丧礼，办丧事时，各路重要的人马齐聚，趁此机会，陈平就可以结交有分量之人。陈平特别挑这种场合打工，当然是有其打算。

果然，张负既见之丧所，张负就在丧家见到了陈平，独视伟平，一眼看上了陈平相貌堂堂，平亦以故后去，陈平也刻意较晚离开。后来，张负就随着陈平到了他家。一看，乃负郭穷巷，陈平家已在外城城边，离城中心可远了；而且，还背倚着城墙，采光特别差。在这负郭的穷巷里，以弊席为门，用破烂的席子当门，连个门都没有，然门外多有长者车辙，但门外却有许多不同于载运货车，显然是尊贵长者车辆的轨辙。

张负归，谓其子仲曰，张负回家后，跟他二儿子说道：吾欲以女孙予陈平，我打算把孙女嫁给陈平。张仲曰，平贫，不事事，陈平那么穷，还整天无所事事，一县中尽笑其所为，整县的人都笑话他，独奈何予女乎？怎么可以把女儿嫁给这种人呢？

刚刚一上课，我说对陈平特有好感的原因之一，就是他的形象很差：一县中尽笑其所为。早先我们讲的刘邦，也一样形象差，被老爸笑，被萧何笑，没几个人真正尊敬过他。这种形象很差的人，看来像是无赖，可当别人怎么讲他都能丝毫不为所动时，到了某些大关键，他常常就特别强大、特别有能量。

大家都知道，如何面对毁誉二字，是成事与否的大关卡。你看马英九，前阵子选党主席时，跟党员报告，讲到这几年做了多少努力，但大家所给予的支持与谅解，却那么少；讲着讲着，自觉委屈，就开始哽咽。我看他这么满腹委屈，只觉得头皮发麻。唉！如果毁誉这关都过不去，能做什么大事呢？

马是模范生，从小被称赞、认可惯了，毁誉这关就成了怎么都跨越不了的天堑。刘邦、陈平一路被嫌弃过来，名声一向不好，别人不了解他们，他们也不需要别人了解。正因如此，他们一路走来，不瞻前、不顾后，可自在了。所以，在座各位如果在外面名声很好的，想办法让自己名声差一点。(呵呵！)名声太好，自然会想"洁身自爱"。有时，是真的自爱；有时，就难免是做给别人看。这时，迁就就多了，扭曲也多了，人便容易变得脆弱。

后面我们会讲到，在楚汉相争、僵持不下时，陈平做了一件"见不得人"的大工程：他离间了项羽底下最重要的几个角色。譬如范增、龙且，还有一个钟离昧。这些人忠心耿耿、非常廉洁耿介；可是，他们有个罩门：很容易被挑拨。为什么？他们只要意识到项羽对他们不信任，就会觉得不如归去，立马转头，就想走人。他们自觉一生清白，不能有污点，也不容被质疑。可换成陈平，就绝对没这问题。反正，他从小喝墨水长大似的，哪有啥污点不污点。外表看来，他似乎挺烂，可仔细读完《陈丞相世家》，就会发现这人一点都不烂。但也正因为他外表看来挺烂，名声不好，这才成就了他。这很有意思。

再下来，张负就说：人固有好美如陈平，而长贫贱者乎？难道有人长得像陈平这么相貌堂堂，却一直贫贱下去的吗？卒与女。就因为这理由，最后便把孙女嫁给了陈平。所以，陈平与张负，一个嫌贫爱富，一个以貌取人，也挺相配的。(哈哈！)结果，张负这个丈人爷爷很够意思，为平贫，乃假贷币以聘，因为陈平很穷，所以借钱给他当聘金，予酒肉之资以内妇，还拿钱让陈平把婚宴办得风风光光。又特别交代孙女，负诫其孙曰：毋以贫故事人不谨。千万不能因为你老公穷，对他就不恭谨。事兄伯如事父，事嫂如母。这“嫂”，应该是陈“伯”后来再娶的。

平既娶张氏女，赍用益饶，游道日广，陈平娶了富家女之后，有了资金，交游就日益广阔。后来，里中社，平为宰，陈平在里的“社”担任“宰”的职务，(“社”就是土地公庙。“社”维持了几千年，台湾民间至今依然保存良好。陈平的职务，大概就是土地公庙管理委员会的总干事吧！）分肉食甚均，祭祀之后，总干事要主持分肉。分肉“甚均”，并不是大家都分得一样、很平均；假使如此，只要刀功好，或者准备个秤就行了。所谓“甚均”，是将祭祀的牲品按所有人的分量，该有则有、该无则无，当大则大、当小则小。分到没人不平，也没人有话讲，大家都心服口服，这难度就高了。分完之后，父老曰：善，陈孺子之为宰。老先生都说：哎呀，姓陈的这小子总干事当得好呀！陈平一听：

嗟乎，使平得宰天下，亦如是肉矣。哪天等我当了朝廷的宰相(全天下的总干事)，肯定也有办法把天下事处理得这么匀匀当当。

后来，陈涉起而王陈，使周市略定魏地，陈涉平魏后，立魏咎为魏王，与秦军相攻于临济。至于陈平，则辞别了他哥，投靠魏咎，在魏王手下担任太仆。说魏王不听，人或谗之。陈平向魏王提了些建议，可魏王不予采纳，再加上有人说陈平闲话，于是，陈平亡去，他就跑了。重点是那四字："人或谗之"，这成了陈平的一个特点。陈平走到哪儿，总有人说他闲话。为什么？一方面是他相貌堂堂，太醒目，容易让人觉得刺眼；另一方面也是他经常不符道德规范，许多举动看来都有问题。换言之，陈平天生就是争议型的人。但他特殊的是，尽管别人眼里有再多的争议，可面对这些争议，他心里却是毫无纠结。爱怎么讲，就讲呗！他可不管。

离开魏王之后，久之，项羽略地至河上，陈平往归之。这回，陈平投身项羽。从入破秦，跟随着项羽入关破秦，项羽赐他为平爵卿。等项羽之东王彭城，他跟着项羽一块去了彭城。汉王还定三秦而东，殷王反楚，刘邦出函谷关后，当时的殷王背叛项羽。项羽乃以平为信武君，将魏王咎客在楚者，率领魏王咎在楚国的军队，以往击，降殷王而还。因这功劳，项王使项悍拜平为都尉，陈平于是当了都尉，赐金二十溢。

居无何，不多久，汉王攻下殷王，刘邦回头又攻下了殷王。这时，项王怒，项羽一生气，开始迁怒，将诛定殷者将吏，要把早先平定殷的将吏全杀了。陈平看形势不对，陈平惧诛，乃封其金与印，使使归项王。陈平要离开项羽，该还的都还，印也还，金也还。他看似没啥道德感，但某些基本规则还是守得挺好的。

平身闲行，陈平不走大道，专走小路，杖剑亡，带着一柄剑开始亡命。结果，渡河，船人见其美丈夫独行，船夫看到陈平相貌堂堂，又一个人独走，疑其亡将，猜他是个亡命的将领，要（同腰）中当有金玉宝器。这个船夫眼力蛮好，基本猜对了，只是没想到陈平这么“廉洁”，离开时竟还派使者把黄金都还给了项羽，否则，他的腰间还真会有不少的黄金。这船夫果真世面见多了，阅人多矣，判断力蛮准的。目之，欲杀平。看着陈平，眼露凶光，想杀陈平。平恐，陈平意识到，二话不说，乃解衣，就把衣服脱下来，裸而佐刺船，光着上身，开始帮船夫划桨。船人知其无有，乃止。船夫一看，啥都没有，这事显然没搞头了。

陈平这能耐，与刘邦关键时刻的反射动作挺像。他们极类似的反射能力，再对照他们那些相仿的人格特质，确实很可以让大家参一参。

再下来，平遂至修武降汉，陈平于是去了修武，投靠刘邦，因魏无知求见汉王，通过一个叫魏无知的人求见汉王，汉王召入，汉王召进之后，陈平又打通万石君(名为石奋)的关系，是时万石君奋为汉王中涓，受平谒，入见平，这才真正见到了刘邦。结果，平等七人俱进赐食。吃完饭后，王曰：罢，就舍矣。好吧，你们去休息了。平曰：臣为事来，所言不可以过今日。我为要紧之事而来，这事今日非说不行。

这当然是假的。可在这关键时候，陈平就会这样“危言耸听”。如果说，好，等下回再找机会吧！那就不是陈平了。于是汉王与语而说之，聊开之后，很尽兴，问曰：子之居楚何官？你在楚国是当什么官？一听是都尉，当下，刘邦乃拜平为都尉，使为参乘典护军，就让陈平与他同车，当个典护军。诸将尽讙(这“讙”是喧哗的“哗”)。一听到这消息，所有将领都哗然言道：大王一日得楚之亡卒，未知其高下，而即与同载，反使监护军长者！你才刚碰到这么一位楚军的亡卒，都还不知底细，就和他同马车，还让他负责督导我们这些辈分远高于他的长者?! 汉王闻之，愈益幸平。刘邦一听，顿觉陈平这人有分量，于是就更加地重用他。为什么？因为很多人嫉妒他。刘邦清楚，不遭人嫉者，是庸才。

陈平这回遭忌，还不彻底；更彻底的，是后头周勃跟灌婴说他坏话。周勃与灌婴乃刘邦身旁两员大将，很有分量。在这两人中伤陈平之后，陈平与刘邦的反应，才让我们更清楚看到他们君臣的过人之处。

刘邦为楚所败，引而还，收散兵至荥阳，以平为亚将，属于韩王信，军广武。下面才是重点：绛侯（绛侯就是周勃）、灌婴等，咸谗陈平（你看陈平多厉害，走到哪儿都有人要说他坏话）曰，怎么说呢？平虽美丈夫，虽然他相貌堂堂，如冠玉耳，面如冠玉，其中未必有也，但骨子里却未必有真材实料。至于底下，不知周、灌二人是否从《壹周刊》看来的消息：臣闻平居家时，盗其嫂。“盗其嫂”，不论真假；可这“嫂”，肯定不是前头被陈“伯”赶走的那位。除了这“私德之外”，陈平还事魏不容，亡归楚；归楚不中，又亡归汉，“大节”更是有问题。这样的人，今日大王尊官之令护军，大王您对他礼遇有加，让他担任参乘典护军。可这家伙却不知感恩，竟然还利用职权捞钱。臣闻平受诸将金，金多者得善处，金少者得恶处。陈平公然受贿，这罪名就大了。综合以上三点，周、灌二人的结论是：平反复乱臣也，愿王察之。

结果，汉王疑之，刘邦一听，也觉得似乎有问题，所以，召让魏无知，找魏无知过来，责备他没查清底细就推荐了陈平。但见魏无知答道：臣所言者能也；陛下所问者行也。我所推荐的，是陈平的能力；您所问的，则是陈平的品行。两回事吧！今有尾生、孝己之行，而无益于胜负之数。尾生大家知道，是与女子相约桥下，可洪水已来，仍不见女子，最终信守承诺，紧紧抱柱不动，乃至于溺死。这样的人，当然可敬，但总之有点不对劲。此外，孝己也是类似之人，非常孝顺，不顾一切，牺牲生命也无所谓。魏无知说的是，即使有尾生、孝己这样的品行，对您的胜负会有帮助吗？陛下何暇用之乎？您难道有闲暇来欣赏、重用这样的人吗？楚汉相距，臣进奇谋之士，顾其计诚足以利国家不耳。我找人的重点，只在于他的计策是否有利于我们的国家，且盗嫂、受金又何足疑乎？即便真的是盗嫂、受金了，又有啥要紧呢？毕竟，那不是重点呀！

刘邦一听，觉得在理，但还是召让平，显然，这就不是为了盗嫂、受金，而是忠诚度、“大节”的问题。所以他说：先生事魏不中，遂事楚而去。今又从吾游。刘邦只问他这个，至于盗嫂、受金这些，他就不问了。信者固多心乎？如果你是个守信义之人，怎么会如此东奔西跑、三心二意呢？陈平回答：臣事魏王，魏王不能用臣说，故去事项王。但投靠项羽之后，项王不能信人，其所任爱，非诸项即妻之昆弟，虽有奇士不能用，平乃去楚。(这句“有奇士不能用”，是重点；“奇士”

是陈平的自我定位。）我离开项羽之后，闻汉王之能用人，故归大王。

解释完忠诚问题之后，陈平顺道又提了贿赂之事：臣裸身来，不受金无以为资。我光溜溜地来，身无分文，不接受一些赂款，又哪来的钱办事？诚臣计划有可采者，顾大王用之；使无可用者，金具在，请封输官，得请骸骨。我的计策您若觉可用，就请采纳；若不可用，好吧，那些贿金原原本本都在，烦请充公，我但求保全性命，就此告辞了。汉王乃谢，刘邦一听，赶紧向他道歉，厚赐，重重地赏赐，又拜为护军中尉，尽护诸将。刘邦先道歉，后重赏，再加官，这一下子，诸将乃不敢复言，大家就不敢再说了。每中伤一回，陈平就越受重用，谁敢再讲？

后来很清楚，刘邦只在意忠诚问题，其他不论盗嫂，还是受金，都无所谓。至于忠诚的问题，陈平已直截了当，说得这么清楚，就没啥好怀疑了。事实上，除了沛县那群哥儿们之外，刘邦手下的几位要角都曾经投靠过他人，而后再转来他这边的。可有意思的是，来他这边之后，这些人就再也不走了。这意味着什么？“众里寻他千百度。蓦然回首，那人却在灯火阑珊处”，东寻西觅，看了半天，原来还是这“无赖”刘邦最好。正因如此，其实又哪有什么忠诚问题？！

至于陈平处理这事，从头到尾，不卑不亢，清楚明白，既不拐弯抹角，也毫无遮掩隐讳，更无半点的委屈愤怒，单单这样地“危机处理”，显然就是个大才，肯定要好好重用的。不论别人怎么毁谤，对陈平都产生不了效果；反正，他明白地说，我就这样，你看着办吧！这份清楚明白，与刘邦的性格特别投合，完全没有那些不必要的包袱，不遮掩，不撇清，清爽得很。

上回提洪仲丘命案时，我说那群军官、士官的被株连，基本是无辜的，可是，我非常不喜欢这些人被逮捕、问讯时的反应。他们要么一脸丧气，要么掉眼泪，有一个还口吃，话都说不出来，甚至前几天那个副旅长还当庭落泪。我觉得单单因为掉泪，就应该要判他刑。这样的人，凭什么当“中华民国”的军官？副旅长已经是上校，准备要升少将了，这么一点小事，还当众落泪，将来凭什么去打仗？凭什么保家卫国？他应该判刑的原因是：损毁军人荣誉。

说实话，洪仲丘这事他们纵使有些小瑕疵，却没啥大错，可从头到尾，都没有一个人明白对庭上说，他们照着程序做，是无甚大过的。更别说有人能像当年美丽岛大审时施明德在庭上所说的，他施某没错，是在座诸位有错。这群军官里，至少该有个人明明白白地说，这事是你们配合着媒体搞民粹，是你们犯了大错，我只是照着军队该有的纪律来执行任务罢了！你们这么配合民粹搞下去，毁掉的，是军队的纪律与战力；你们讨好了那些年轻人，但对得起国家的未来吗？

如果有个军人能够如此光明坦荡，老实说，事情就不会难看到这地步了。假使有这样的光明坦荡，就会让大家看到一种久违了的人格典范。读《史记》的好处，正在于有一个个真实的典范，陈平如此，刘邦亦如此。刘邦听别人如此中伤，但陈平却回应得坦坦荡荡、清清爽爽，当下他就明白：陈平是大才！如果陈平在那边掉泪喊冤，刘邦大概就啥也不说，直接撵他出去就算了。正因在这事看到了陈平的分量，刘邦才会反过来对陈平又升官又重赏。从这件事看来，两个人都了不起。大家想象一下，今天不管让马英九扮演刘邦或陈平的角色，他肯定不会是这样反应的。假使他在刘邦的位置，又怎么能忍受陈平这种“龌龊”之人呢？如果换成他是陈平，被刘邦这么质问两句，或许就开始深觉委屈，不禁哽咽了。事实上，什么人都可以自觉委屈，就是大的领导人不可以有任何委屈感。哪有大的领导人觉得委屈，还要别人同情？太好笑了吧！相较起来，刘邦、陈平这两人都是大气之人，这就是所谓的“大人”；也只有大人，才真正开创得了时代。

再接着，其后楚急攻，绝汉甬道，围汉王于荥阳城。大家还记得，那回刘邦荥阳被围，情况不是很惨吗？！久之，汉王患之，请割荥阳以西以和。项王不听。这时刘邦已经动摇，快打不下去了。汉王谓陈平曰：天下纷纷，何时定乎？这天下何时才平定得了呢？陈平的回答，特别有趣。他说：项王为人恭敬爱人，似乎当时大家都这么说；但是，底下这句就比较特殊，士之廉节好礼者，多归之。可另一方面，至于行功爵邑重之，这点韩信也提过，士亦以此不附，许多士人也因项羽悭吝于封赏而不去投靠他。至于刘邦，则恰恰相反：今大王慢而少礼，士廉节者不来。然大王能饶(舍得给)人以爵邑，下面这句话，讲得太严重也太好笑了吧：士之顽钝嗜利无耻者，亦多归汉。这话有点夸张，至少张良不是吧？！但陈平很绝的是，他这么说，那自己算什么？！他意思是，我就是这么一个顽钝嗜利无耻之人。呵呵！在陈平心里，他没有所谓道德的负担，于是可以把话讲得这么难听。诚各去其两短，袭其两长，天下指麾则定矣。如果您能去其两短、得其两长，天下就挥手可定了。

然大王恣侮人，不能得廉节之士。尽管大王因平日恣侮人，得不到那些廉节之士，顾楚有可乱者，但楚营那些廉节之士却可以被挑拨。彼项王骨鲠之臣亚父、钟离昧、龙且、周殷之属，不过数人耳。陈平的意思是，不管用什么方法挖范增、钟离眛等人过来，都是不可能的。既然挖不过来，唯一的办法是什么？就是让他们不为项羽所用，也就是离间他们君臣的关系。所以他说：大王诚能出捐数万斤金，行反闲，闲其君臣，以疑其心。给我几万斤的黄金，我来离间他们！

陈平这当然是搞阴谋，若换张良，大概就不干这事了。张良与陈平虽然同是策士，但扮演的角色并不一样。刘邦就不会找张良做这样的事。我曾说过，张良与陈平虽然都是黄老，但张良近于仙家，有神仙气；至于陈平，则更接近纵横家。纵横家可以无所不为，阴谋、反间，做来都没啥心理障碍。这两人的区别还蛮有意思的。

陈平接着说，项王为人，意忌信谗（这四字陈平最有感触），必内相诛。如此一来，汉因举兵而攻之，破楚必矣。陈平言罢，汉王以为然，乃出黄金四万斤与陈平，恣所为，不问其出入。这是大手笔。刘邦给了陈平四万斤黄金，爱咋用，就咋用，不必开发票（呵呵），也没查账的问题。如果想部分私吞，也是你的事，只要把事情办好了就行。从这事大家回头想想，当年的"兴票案"，也有点类似的味道。在台湾还没真正民主化之前，也会有类似的事情。今天李登辉信得过宋楚瑜，交代某些任务（譬如安置蒋经国的家属）给他，一次拨个几亿。

这几亿，就让他自行处理，所以宋楚瑜才会一下子有那么多钱。这些钱怎么用，不管，本来就不可能有发票、收据，甚至报账的问题，全部放手做，统统都是灰色地带。这些钱，如果要报账、要开发票，肯定就没办法做成一些不适合公开却非做不可的大事。

大家想想，四万斤的黄金，数目有多庞大？这样的事，项羽做不来，肯定只有刘邦才做得出来，而且，还得交给“恶名昭彰”的陈平。陈平正因名声不好，凡事又说得清清楚楚、明明白白，这种人才越被信任。如果换成是一个没“污点”的人，交给他也没用；过段时间后，他又原原本本一文不差地还给你。没“污点”的人，那么廉节，那么在意自己的名声，怎么可能干这种事？所以，刘邦把这四万斤的黄金交给陈平，这叫“用对人，做对事”。

后来，陈平用这笔钱离间了范增。项羽果然生疑，范增二话不说，就走人了。这一走，对项羽这种有勇无谋的人而言，等于从此没了脑袋。毕竟，范增是项羽第一号也可能是唯一够分量的谋臣，七十几岁，项羽又很尊敬他，还称他为“亚父”，这样的人被离间掉，对于大局的影响当然非常深远。

好，再翻到十三小页。后来陈平还做了几件大事，尤其拿下韩信，都是他一手策划的。刘邦抓了韩信之后，还至洛阳，赦信以为淮阴侯，而与功臣剖符定封。搞定韩信之后，刘邦的天下稳了一半，于是与平剖符，世世勿绝，为户牖侯。陈平受封为他老家的户牖侯，可谓扬眉吐气了，但当下，他却是辞谢，曰：此非臣之功也，刘邦听了费解：吾用先生（在刘邦的心里面，陈平是他的“先生”，也就是老师，这挺有意思）谋计，战胜克敌，非功而何？我用了你的计谋，才能战胜克敌，这不是功劳，又是什么？陈平趁此机会，便说道：非魏无知，臣安得进？当初如果不是魏无知的引荐，我怎么有机会为大王效劳呢？刘邦就叹息说道：若子（开始说“先生”，是敬；这里说“子”，是亲）可谓不背本矣。如此看来，你还真是个不忘本之人呀！前面我们读陈平，这人似乎不仅不拘小节，甚至连大节也不在意，但在此时，我们却看到另一个念旧、知恩图报的陈平。于是，刘邦乃复赏魏无知。

再看十四小页第二行。卒至平城，为匈奴所围，七日不得食。后来一回，刘邦在平城（今山西大同）被匈奴包围了七天七夜，连食物都没了。高帝用陈平奇计，使单于阏氏，围以得开。最后陈平用了奇计，派人去游说单于的爱妃，匈奴才退兵。高帝既出，其计秘，世莫得闻。至于怎么游说法，司马迁只说这个计策非常隐秘，至今都还不知道是咋回事。这很有意思，更有趣的是：大家看到《史记会注考证》里，记有后代的某些说法，把这事说得绘声绘色。明明司马迁都已说“世莫得闻”，可还有人能够说得这么“详尽”，由此可见，狗仔队的确已历史悠久。

类似的奇计，十五小页第五行：其后常以护军中尉，从攻陈豨及黥布。凡六出奇计，辄益邑，凡六益封。其后平定陈豨与黥布乱事时，陈平依然以护军中尉的身份，为刘邦出了六次奇计，建立功劳，也一再获得加封。奇计或颇秘，世莫能闻也。这六次又是什么奇计呢？司马迁的答案依然是：“世莫能闻也”，同样都是秘密档案。如此前后一加，总共就有七个后世不得而知的秘密档案。这七件，肯定都有见不得人的手段，如果再加上前头离间了范增，这样的事，陈平还真干了不少，所以最后他才会说自己“多阴谋”。

到了陈平晚年，吕后专政，想封诸吕为王。为此，吕后先问了王陵的意见，王陵很严肃地答道：不可；再问陈平，陈平则说可，没有问题。正因如此，王陵很瞧不起陈平，觉得他一点节操都没有。但陈平一方面虚与委蛇，一方面静静等候，只待吕后一死，就联合周勃起兵，除掉诸吕，迎接汉文帝，重新恢复汉朝的大统。汉文帝论功行赏，赐平金千斤，益封三千户。也因为周勃与陈平功劳最大，后来周勃就担任右丞相，位次第一；陈平担任左丞相，位次第二。

居顷之，过阵子，孝文皇帝既益明习国家事，汉文帝已逐步熟悉政务，准备重新布局，于是，朝而问右丞相勃曰："天下一岁决狱几何？"他在朝会时故意问周勃，我们一年总共判决多少个案子？勃谢曰："不知。"汉文帝又问："天下一岁钱谷出入几何？"我们国家一年的总支出与收入有多少？勃又谢不知，汗出沾背，愧不能对。紧张到汗流浃背。于是，上亦问左丞相平。平曰："有主者。"这些事都有负责的官员。汉文帝就问：主者谓谁？负责的人是谁？平曰：陛下即问决狱，责廷尉，如果要问刑案，得找廷尉（就是法务部长）；问钱谷，责治粟内史，若要问国家收支，则该去找治粟内史（财政部长）。上曰：苟各有主者，而君所主者何事也？既然所有的事都有相关的官员负责，那丞相你又负责什么呢？平谢曰：主臣。我就负责管理这些官员。陛下不知其驽下，使待罪宰相。陛下，因为您不知道我这个人很驽钝，所以让我当了宰相。宰相者，上佐天子，理阴阳，顺四时，下育万物之宜，外镇抚四夷诸侯，内亲附百姓，使卿大夫各得任其职焉。大家听听，陈平说得多好呀！说白了，宰相就是辅佐天子，让天地正位，万物各得其所。孝文帝乃称善。汉文帝这是明知故问，存心要试试周勃、陈平的眼界与气度。当然，最重要的目的，是要“处理”一下周勃。

周勃是武将，拥立文帝时立了首功，又是高祖的开国功臣，分量极重。周勃论忠心，基本没问题；但会不会恃宠而骄、仗着功绩托大呢？这就不好说了。显然，汉文帝在礼敬他的同时，还是不得不有些防范，至少，得挫一挫他的“意气风发”。于是，文帝找了机会“为难”他，结果，右丞相大惭，周勃觉得很惭愧，出而让陈平曰：退朝后就骂陈平：君独不素教我对！你为什么平常不教教我怎么回答呢？害我啥都说不出来。陈平笑曰：君居其位，不知其任邪？你都担任了这职位，难道还不清楚自己该负责什么吗？且陛下即问长安中盗贼数，君欲强对邪？万一陛下问起了长安盗贼的数目，难道你还真要回答到底有几个吗？于是绛侯自知其能不如平远矣，周勃自知远远比不上陈平。居顷之，隔了一段时间，绛侯谢病请免相，周勃多少也意识到文帝的“心意”，自动请辞，从此，陈平专为一丞相。

孝文帝二年，丞相陈平卒，谥为献侯。再下面三行，始陈平曰：早先陈平曾自道：我多阴谋，是道家之所禁，阴谋太多，乃道家所禁也。道家的人擅阴谋，但不让人多用阴谋，就像道家之人长于用兵，《老子》中却有：“夫兵者，不祥之器也。”道家的特殊就在于，明明告诉你少碰，可自己却又特别擅长。这看似矛盾，可说白了，也不过是深知本质，对于事物的阴与阳、利与弊、长与短，都有着清晰的自觉罢了！陈平正因深知阴谋，所以会用；可用了阴谋，仍清楚这是在特殊情况下不得不然也。既然不得已而为之，肯定就得付出代价，这一点他很清楚：吾世即废，亦已矣，终不能复起，倘使我后来爵被废、国被除，也只能如此，很难巴望重新再起了。为什么呢？以吾多阴祸也。果不其然，其后曾孙陈掌，以卫氏亲贵戚，愿得续封陈氏，然终不得。最后即便他曾孙陈掌与卫氏有紧密的亲戚关系，获得汉武帝亲幸，期盼能恢复陈氏之爵位，却终究不能。

司马迁写这点，仍着眼于陈平的“清楚”。因为“清楚”，所以别人怎么讲他、骂他，他都不动于心；因为“清楚”，所以知道自己能做些什么，做了又得付出什么代价；也因为“清楚”，所以当初周勃在刘邦面前说他坏话，陈平压根没放心上，后来仍合作无间，连手除吕扶汉。陈平知道，周勃说他坏话，乃是当然；只要事情讲清楚了，也就行了。至于要不要怪周勃呢？说实话，没必要。当初初来乍到，一下子占了这么重要的角色，别人看不顺眼，原系必然；既是必然，就无须去憎恨某一个人。毕竟，如果不是周勃，大概也会有“陈勃”“张勃”来做同样的事。因此，陈平不会为了谗言去忌恨人，只要化解了谗言，这事就完了，他也就没事了，这正是他最大的本事。陈平这人有一种异常的透明度，很清晰，很清爽，也很惊人。

最后我们看太史公曰。陈丞相平少时，本好黄帝、老子之术。黄帝、老子，简称黄老。黄老相对于老庄，可能更有现实感、更有行动力。方其割肉俎上之时，其意固已远矣。还记得当时他所说的“使平得宰天下，亦如是肉矣”吗？倾侧扰攘楚、魏之闲，卒归高帝。他先魏再楚，最后投靠了刘邦。常出奇计，救纷纠之难，振国家之患。“救纷纠之难，振国家之患”这十个字说得好。及吕后时，事多故矣，到了吕后的时候，几番事故，然平竟自脱，最后陈平不仅能顺利脱身，还有办法定宗庙，以荣名终，称贤相。岂不善始善终哉?! 厉害呀！这样厉害的角色，非知谋，孰能当此者乎?!

好，陈平我们就讲到这儿。

「答问」

问： 陈平、刘邦这样的人物典范，究竟是与天生的性格比较有关呢？或者是后天的背景呢？我们又该怎么学习他们呢？

答： 分两层说。

首先，为什么会出现这种人？几堂课下来，大家发现，当时这样的人不算少；夸张地说，甚至有一拖拉库（truck 的日语发音，卡车、很多的意思）。这样的人，其实历朝历代都有，只不过，所谓“时势造英雄”，如果生在一般的太平时代，陈平、刘邦这种人多半就不了了之，不仅从小风评不好，临老之时都还可能被乡里视为教育小孩的反面教材：“千万别学那个欧吉桑，好吃懒做，又爱吹牛，一辈子没出息。不要跟他一样哟！记住哦！”可是，偏偏他们遇到了可以让他们的性格大展所长的大时代，也因而让我们后人有机会看得悠然神往。这里头其实还是有着某些天意，也就是我们这门课主标题“《史记》中的天心与人意”所特别强调的“天人之际”。

其次，这门课一开始提到，之所以强调刘邦这帮人，是因为谈中国文化时，除了儒释道，非得要加上刘邦一帮人所代表的“民间”不可。儒释道如果加上了民间，中国文化才会庶几完整。中国文明的民间样貌到底在多早之前就已然成形，很难断定。可能从中国文明一开始，比如黄帝时代，甚至早在新石器时代，性格就已大致底定了。但总而言之，民间的延续力道特别强大，像两千多年前陈平在当总干事的“社”，至今台湾仍处处都有那样的土地公庙，也依然都在大树边，这传统甚至可以至少追溯到夏朝，四千多年几乎没变。除了类似传统的延续之外，民间许多人的生命形态更是基本没变。至今，台湾民间都还有不少人性格很像刘邦，只不过，能量没刘邦那么强大罢了！

这种基本没变的生命形态，其实就是中国文明的基因，世世代代就这么传承了下来。尽管绝大部分人对这基因并不自觉，但耳濡目染，很自然地在一言一行中把这价值与思维模式传承下去，于是就迸出一个个像刘邦、陈平这样的人。

也正因如此，上回我提过，千万别高估秦始皇真正的破坏能力。秦始皇破坏了半天，大家看，陈平跟刘邦这些人还是一个个鲜活无比、活蹦乱跳，对不对？当时的中国民间，哇，好精彩！处处有奇人！同样的道理，大家也不要高估春秋战国之后所谓的“礼崩乐坏”；我们发现，当时的人对于“礼”还是很讲究的，该有的应对进退，谁也没马虎。当然，刘邦比较特别，他不把礼太当回事，所以大家也常常损他。这意味着什么？不就是大部分人都还蛮看重这事吗？当时的礼崩乐坏，如果跟我们今天相比，恐怕还差得远。这里头，正有着民间传统强大的传承力量。

同样地，我也常在大陆强调，别以为“文革”之后，中国文化就断了。大家只要去个异文化中待一阵子，就会轻易发现：我们跟别人太不一样了。不一样的地方，正是我们身上的中国文化。在大家平日的语言与行为中，仍处处有着中国文化的基因。有些自觉的、理论的，譬如儒释道三家的经典，当然有些断了；但真要说民间的大根大本，却不可能断得了。即使政治把亲人的关系破坏掉了，可只要过了风头，一下子又恢复了。你看破坏了那么久，现在去大陆看看，看他们只要讲到自己的父母亲所流露出来的真情实感，跟洋人就是完全不同的两种状态，个中差别，还是非常大的。就这一层来讲，民间强大的延续力量，才是造就刘邦、陈平的最关键原因。

第二层，我们看刘邦、陈平这种人的最大好处，就是见到一个鲜明的人格典范，从而开启了眼界。而开了这眼界，又到底会给我们什么帮助呢？准确地说：不知道。可虽说如此，一旦这种厉害的角色看久了、见多了，我们确实容易不知不觉地产生变化。大家不知道有没有一种经验：如果跟一群窝囊废坐在一起，听他们聊天说事，不一会儿，人就受不了，就很想出去透透气。这种郁闷感，不是他们讲话的内容所致，而是因为他们的生命格局。他们的生命格局太小、太窄，让我们觉得憋屈，全身不清爽。反之，一旦能遇到大气之人，接触久了，自然有种感染，忽然也就神清气爽了起来。这种感染，就是我常说的“格物”：不假思索，无须论辩，目击而道存。

古人说，“读其书想见其人”，为什么要想见其人呢？毕竟，读书再认真、再用功，常常都只落在“致知”这层，可一旦看到了人本身，感其气象，观其气度，那才是最直接的感染，也才是“格物”。于是，我们读陈平、刘邦，别在概念上打转，而是设法去“感受”他们的生命状态。换言之，就是透过太史公的生花妙笔直接去“格物”。“格物”的过程，很难说清楚；但只要去接触、去体会、去玩味，自然而然，就会一点一滴在心里产生变化。一旦我们生命有了变化，越来越清爽，越来越朗豁，这书，肯定就没白读了。